ローマ人への手紙講解 3

7−9章

榊原康夫

教文館

目次

装丁　熊谷博人

ローマ人への手紙講解3

七章一—六節

律法からの解放

それとも、兄弟たちよ。あなたがたは知らないのか。わたしは律法を知っている人々に語るのであるが、律法は人をその生きている期間だけ支配するものである。すなわち、夫のある女は、夫が生きている間は、律法によって彼につながれている。しかし、夫が死ねば、夫の律法から解放される。であるから、夫の生存中に他の男に行けば、その女は淫婦と呼ばれるが、もし夫が死ねば、その律法から解かれるので、他の男に行っても、淫婦とはならない。わたしの兄弟たちよ。このように、あなたがたも、キリストのからだをとおして、律法に対して死んだのである。それは、あなたがたが他の人、すなわち、死人の中からよみがえられたかたのものとなり、こうして、わたしたちが神のために実を結ぶに至るためなのである。というのは、わたしたちが肉にあった時には、律法による罪の欲情が、死のために実を結ばせようとして、わたしたちの肢体のうちに働いていた。しかし今は、わたしたちをつないでいたものに対して死んだので、わたしたちは律法から解放され、その結果、古い文字によってではなく、新しい霊によって仕えているのである。

ローマ人への手紙の六章一四節に「なぜなら、あなたがたは律法の下にあるのではなく、恵みの下にあるので、罪に支配されることはない」、こういう言葉がございました。今日学びます七章の一節から六節は、実はこの六章一四節の言葉を取り上げまして、それを詳しく展開する段落でございます。ですから、七章の六節までまいりますと、「しかし今は、わたしたちをつないでいたものに対して死んだので、わたしたちは律法から解放され」ているという、同じ言葉が出てくるわけであります。

あるいは、言い方を変えて申しますと、六章一五節から二三節までは「罪から」の「解放」を語りましたのに対して、今日の七章は「律法から」の「解放」を述べる。こういう関係にあるとお考えになってもよろしいと思います。

そのために、六章一五節から二三節までと今日の所とは大変よく似た言葉と思想がたくさん出てまいります。例えば、六章一八節に「罪から解放され」たとありましたが、今日の六節では「律法から解放され」ている。また、六章一八節では「義の僕となった」とございましたが、七章四節では「あなたがたが他の人、すなわち、死人の中からよみがえられたかた」「キリスト」の「ものとなる」と言われています。また、六章一九節以下に「かつて」「どんな実を結んだのか」、そして「今や」どうであるか、という「かつて」と「今や」の比較があるのですけれども、七章の五節と六節も「肉にあった時」と「今」とが比較される同じコントラストがございます。また、七章四節と五節でも「神のために実を結ぶ」と「死のために実を結ばせる」という「実」のお話が出ています。

このようにして、ほぼ同じ表現、同じ思想を使いながら、「罪から解放され」たわたくしたちが同時にもっと根源的には「律法から解放され」ている、ということを明らかにしているところでありま す。二節と六節の「解放される」は、「働きがない」という意味の言葉の受身形で「廃棄される、無効とされる」ことを表し、六章六節では「滅びる」と訳されていますが、「〜から」と組み合わされるのはここだけです。

「それとも、兄弟たちよ」という呼びかけが、一節と四節にございまして、全体がふたつに美しく区切られております。

パウロは、一章一三節で「兄弟たちよ」と呼びかけたきり、ここまで全然この種の呼びかけを語りませんでした。おかげさまで、どんどんどんどん難しい論文調になってまいりましたが、パウロは今日の七章のところで、急に「兄弟たちよ」「兄弟たちよ」と呼びかけを繰り返しまして、もう一度読者の目を覚まそうという、そういう気持ちがうかがえます。

しかし考えてみますと、実は一世紀、二世紀のキリスト教の先生方の書いていらっしゃる本を読みますと、非常に難しいことを皆さん書いていらっしゃるのですね。いろんな教会に宛てた手紙なども本当に哲学的な書簡でありまして、古代の一般のキリスト教徒というのはだいたい奴隷とか下層の人たちが初め会員になったのだと聞かされておりますけれども、そういう人たちがあれだけの哲学的な書簡を教会で読めたということを考えますと、二十世紀のクリスチャンたちは非常に頭が悪くなっているのか、非常に不勉強になっていて耳触りのいい話ばっかり聞かされておりますために、われわれ教会の中のお話がむしろ柔らかすぎるのではないか、と思わせられました。実際、このローマ人への手紙にしても、まだ全然対面もしていない教会に、パウロがこれだけのがつがつした論文を書き送りまして、そしてお互いに平気だということは、どんなに初代のクリスチャンたちの信仰が非常に深い神学的また哲学的な骨組みに支えられていて、それで喜びの音信であるというふうになっていたかということを、よく示しているのではないかと思うのであります（Ⅱコリ一・一三、ヘブ一三・二二）。

パウロは、一節で、まず「律法を知っている人々に語る」のだ、と呼びかけております。

この場合の「律法」とは、もちろん旧約聖書律法の意味でございます。ローマの教会に、ユダヤ人で旧約聖書をよく読んでいた人もいたでありましょうが、多くの者はローマ人、異邦人であって、クリスチャンになる前は旧約聖書などは知らずにギリシヤの哲学、ローマの文化を呼吸していた人々だと思うのです。しかしクリスチャンになりましたならば、もう旧約聖書をずっと読み聞かされているわけでありまして、ユダヤ人であれ異邦人であれ要するに教会の人であれば旧約聖書「律法を」よく「知っている」のだから、これから言うことを分かってくれる、こういうふうにパウロは語り出しているのであります。

何を分かってほしいかというと、「律法は人をその生きている期間だけ支配するもの」だということなのです。この場合の「律法」は、必ずしも旧約聖書律法と限らない、およそ地上のすべての法律というものは皆こうであります。ですから、ローマの人であればあの有名なローマ法という優れた法律の世界で生きている人たちでありますので、法というものが死人には効果がないことぐらい誰しも分かるでしょう。

このように申しましてから、二節から三節までに、「夫のある女」がどういうときに「淫婦」――この翻訳はまずい翻訳ですね、むしろ「姦婦」「姦淫の妻」――と呼ばれるか、それから、どういう場合は正当な再婚であるとみなされるのか、このことをパウロは語るわけであります。ここで「夫のある」と訳されるのは「男の下の」という表現で、ここしか出てきません。

口語訳の二節の終わりの方に「夫の律法から解放される」という言い方が出てきますが、これは少し誤解を与えやすい翻訳だと思います。「夫の律法」というと、まるで夫が掟を布告しまして妻をぎゅっと押さえつけているような感じでありますが、むしろ新改訳「夫に関する律法」です。「ナジルびとの律法」（民六・一三）とか「獣と鳥と……に関するおきて」（レビ一一・四六）とかと言うのと同じように、要するに夫婦について規定されております掟というぐらいの意味であります。そのような掟に従って夫婦でありまする状態で妻がよその男と関係いたしますと、これは「姦婦と呼ばれ」ます。しかし、亭主が死んでおりまする場合には、それはもう律法から解かれておりますので二度目の結婚として祝われます。この違いは、夫が生きているか死んでいるかによって違うわけであります。

ついでに申し上げますと、ここで「夫が死ねば、夫の律法から解放される」というふうに、「死ねば」「死ねば」という言葉が二節にも三節にも繰り返されております。そのために、キリスト教国、西欧の世界で、こういう考え方がよくあるのですね。例えば、夫と妻がおりまして、離婚をしましてもその夫が生きておる間は妻は再婚できない、あるいは、逆に妻が生きている間は離婚した夫も再婚できない、という考え。この考え方が教派によってはあると思うのですが、明らかにパウロがここで語ろうとしておりますことはそういう意味ではございません。「元夫が死ねば」、と言っているのではないので、あくまでも現在夫である者がぽっくり死んだらという意味であります。旧約聖書の申命記二四章に離縁状を与える掟があるのですが、明瞭に、このモーセの律法によれば離縁状を渡せば、相手は転々と――転々とと言うと悪いですが――再婚ができるように書いてございまして、夫が死ななくても正式に離婚が成り立っていさえすれば再婚は合法的でございます（二―四節）。これは、今日のお話とは縁がありませんが、また何かの時にお役に立つと思いまして。

さて、今日の本筋には非常に難しい問題があります。このひとつの例を引きまして、いよいよ四節に「わたしの兄弟たちよ」と呼びかけて、「このように」とパウロは本題を語ります。ところが、「このように」どうなのかと言いますと、「あなたがたも、キリストのからだをとおして、律法に対して死んだ」のだ。「それは、あなたがたが他の人」すなわちキリストのものとなったと、こうなっています。ここには、二節、三節で語られましたたとえと、それに基づいて今論じようとしております本題との間に、重大なずれがございます。

例えば、二節、三節のたとえの方では「死んだ」のは「夫」でありますのに、四節の方では妻の側である「あなたがた」が「死んだ」というふうに変わっています。それから、たとえの方では「彼につながれている」か「夫の律法から解放されるか」というお話でありますが、四節、六節ではその「律法に対して死んだ」、「つないでいたものに対して死んだ」。「夫の律法から解放され」ているという言い方にはなっていないわけで、ずれが起こってきています。

たくさんの偉い専門家の方々が、このずれをどう説明するか、あるいは何ゆえこんなにずれているのか、ということを蘊蓄《うんちく》を傾けて解説しようとしてこられました。

このたとえの場合のように、「夫」の側が死んだ、つまり「律法」という名の夫が死んだ、というふうにあてはめていきますと、少し困ったことが起こる。というのは、今パウロが論じようとしておりますのは、無律法主義の間違い、つまり〝もう掟など守らなくていいんだ、そんなものはもうなくなったのだ〟と言って放埓な罪深い生活に沈んでもいいと考える人たちをたしなめようとしているところなのですね。だから、夫の律法の方を殺すわけにはいかないので代わって奥さんに死んでもらう、と学者は言うわけであります。つれないものですね。

それから、じゃあ、たとえの方を変えて、夫が生きていて妻が死んだというふうにしたらよかったのじゃないか。しかし、そうすると、この妻は再婚できなくなりますので、どうしても女の方は死なせるわけにはいかない。

それで、あちら立てれば此方立たぬというわけで、どうしてもたとえと実際とのずれが起こってきたのだ、それぐらい許していただきたい。結局パウロは、そんなに厳密な意味でここのたとえを語ろうとしているのではなくて、言いたいことはごく単純なこと、法律というのは人が生きている間だけ効力があるということの実例を語りたかったのだ、とこうおっしゃるのであります。

わたくしの感じでは、どうもそういうお話をパウロはここでしているのではないのではないかと思うのですが、いかがでしょうか。ただそれだけのことを言いたければ、何もこんな例を語る必要はさらさらない。法律というものは効力は永遠ではありません、ある時には改訂も廃止もされるんだということさえ言えば、いくらでもそんなものは通じる、もう一節の文章だけで皆分かることなのです。パウロは、ここでそんなことを言いたいがためにこの例を挙げているのではないと思います。

パウロはこの七章で本当は何を論じたいかと言いますと、女の再婚のお話の方をむしろ語りたい。そのように、わたくしとしては思います。一節後半の文章を説明したくて二節、三節の例を付けたのではなくて、むしろ三節後半の文章「その律法から解かれるので、他の男に行っても、淫婦とはならない」、堂々と再婚できているのだ、ということを言いたいがために、一節から二節へと説明をしなければならなかった。パウロは、もう初めから「あなたがた」をキリストと結婚しているキリストの花嫁、と頭の中で考えている。だからこそ、妻の側にたとえは集中しているわけです。そして、クリスチャンたちがキリストのものであるという事実については、全然説明も論証も必要がない、「兄弟たち」は皆自分でそう信じている。そうだからこそクリスチャンになっているわけですから。

さて、論証しなければならない、あるいは説明してあげなければならないことは何かと言いますと、クリスチャンたちが「律法から解かれ」ているということなのです（三節）。「律法から解放され」ている（二、六節）。クリスチャンたちが、今は新しいあるじ、主イエス・キリストのものとなって再婚できている。このことは、もう事実なのです。説明の必要がありません。しかし、クリスチャンがともすると気づかないでおりますことは、前の夫の掟、古い掟にまだ何か引きずり回されているということです。こちらの方が問題なのです。ですから、そうじゃないんだ、あなたがたが堂々と再婚できているからには、姦婦と呼ばれないからには、前の夫は死んでいるのです、前の律法から解放されたわけです。こちらを、パウロとしては説明したいわけです。お分かりでしょうか。

ちょっと、文章の書き方がそうではなくて、まず「法」というのは「生きている間だけ支配する」、それから「夫が生きている間」に「行った」らどうだ、「死んだ」ら初めて奥さんは再婚できる、という順序になっておりますために、錯覚を持つんじゃないかと思うのですが、本当にパウロが今日読者に分からせたいことは、事実もうキリストのものとなっているのであれば前の古い夫の掟などは廃れている、ということです。これをはっきりと自覚的に分かってもらいたい。

同じことが、例えば六章の「バプテスマ」のところにもあったんじゃないかと思います。三節で「キリスト・イエスにあずかるバプテスマを受けたわたしたち」と言いまして、バプテスマがキリスト・イエスに結びつく儀式だということ、これは皆分かっています。だからこそ、洗礼を受けたのですから。しかし、洗礼を受けながら中には気がついていらっしゃらない方々がいる。それは、「キリストの死にあずかるバプテスマ」であったのだということに、思い至っていない人がいる。だからそれをパウロは、六章のところで説明をしまして、洗礼を受けているからには「キリストと共に死んだ」はずだ、と気づかせたわけですね。今日の七章のところは逆に、あなたがたはキリストの花嫁である、再婚できた、ということは、あなたがたは忘れていたかもしれないが、以前の「夫の律法から解かれ」ている。だから、あなたがたは「律法の下に」はいない（六・一五）。それを、いるかのようにクリスチャンになってもまだ掟に従ってがつがつ守るか、それとも、掟があるまま、わざと背いて罪の中に沈んでいくのだなんて肩を怒らせて律法と喧嘩をする。どちらも間違いなので、もう「律法から」あなたがたは縁が切れている、と言いたいのだと思います。

四節に「あなたがたも、キリストのからだをとおして、律法に対して死んだ」とあります。この「死んだ」はむしろ「死なされた」という受身形で、イエスの処刑に使われています（マル一四・五五）。ですから、「キリストのからだをとおして」というのは、キリストの十字架死と、キリストの体なる教会にあずかって、という二重の意味を込めているのでしょう。そのおかげで「律法に対して死んだのである」。

さて、パウロはこのように申しまして、クリスチャンがキリストと再婚しております新しい生活から、「神のために実を結ぶに至るため」に、「あなたがたは」結婚をしたのだと語ります（四節ロ）。だいたい、結婚をするときには次には赤ちゃんを産むということがあるわけでありまして、パウロはここのところで非常に巧みに、キリストの花嫁として再婚した「あなたがたは」当然その結婚から「神のために実を結ぶ」、つまり子孫を産む、そういうことが出てくるはずだ、と語り継ぐわけであります。

六章二一節以下のところで、かつては「どんな実を結んだのか」、全然実を結べなかった、ついに「終極は、死である」。「しかし今」は、「きよきに至る実を結んでいる。その終極は永遠のいのち」だ、と語ったのでありますが、今度は、結婚というもっと有利な立場に立ちまして、その同じ「実を結ぶ」生活のことを語り出しております。

五節「というのは、わたしたちが肉にあった時には、律法による罪の欲情が、死のために実を結ばせようとして、わたしたちの肢体のうちに働いていた」。「実を結ばせる」と訳されているのはひとつの単語で、悪い意味で使われるのは、ここだけです。

こういう場合の「肉にあった時」という「肉」とは、肉体を持っていた時という意味ではありません。それならばこの手紙はあの世で書いていることになります。そうではなくて、これからずっとパウロのいろんな手紙によく出てきますように、パウロは「肉」と言いますとき、生まれながらの罪に汚れた人間性、罪人の人間性、これを「肉」という言葉で表すことがございます。特に「肉」と「霊」（六節）というふうに、「霊」と組み合わせて出てまいりますとき、それはほとんどがそういう場合だとお考えいただくといいのじゃないかと思います。

八章の四節以下に、もうその使い方がずらずらっと出てまいります。「これは律法の要求が、肉によらず霊によって歩くわたしたちにおいて、満たされるためである。なぜなら、肉に従う者は肉のことを思い、霊に従う者は霊のことを思うからである。肉の思いは死であるが、霊の思いは、いのちと平安とである」(四―六節)。こういうときの「肉」とは、肉体ではなくて人間の罪に汚れた性質を表します。ですから、七章五節で言っておりますのは、手っ取り早く言うと、パウロも含めて「わたくしたち」皆がクリスチャンになる以前のあり方であります。

そのときには、「律法」があった。ところが、律法はあったのですが、じゃあ生活はきちっと規制されまして謹厳に歩みましたかというと、そうではない。「律法による罪の欲情が」、むしろ働いた。わたくしたちは前に五章二〇節で「律法がはいり込んできたのは、罪過の増し加わるためである」という面白いパウロの考え方を学んだのであります。この七章の八節で「罪は戒めによって機会を捕え、わたしの内に働く」、一一節「罪は戒めによって機会を捕え」て「わたしを殺した」、あるいは一三節の中頃「罪は、戒めによって、はなはだしく悪性なものとなる」という、パウロ特有の律法観が、今日のところにも出ているわけですね。

掟、ルールというものは、素人考えで言うと、罪を予防するため、あるいは少なくするためにいろんなルールを決めて掟を作り戒めを与えたのだ、と思っているのでありますが、パウロという人は非常にそこの点がよく分かった人でありまして、そうではなくて、そういう細かな戒めや規則や律法というのはかえって罪を誘発した、挑発した。〝そんな規則があるんなら、ひとつ破ってみよう〟と英雄的な思いを持ちまして悪い事をやってみたくなるのが、人間の「肉」なのですね。ですから、われわれが「肉にあって」生きておりましたとき、つまり律法と結婚しておりましたとき、「律法」によって、かえってわたしたちの「罪の欲情が」わたしたちの中に「働い」た。わたしたちの生活はちっともきよくならなかった。

「しかし今は、わたしたちをつないでいたもの――つまり律法――に対して死んだので、わたしたちは律法から解放され、その結果、古い文字によってではなく、新しい霊によって仕えているのである」（六節）。

「今は」「神のために実を結ぶ」生活（四節）に変わっているのであります。それは、六章二二節の表現では、「きよきに至る実を結んでいる」。今日の七章ではキリストとの結婚のお話になっておりますために、六章にはなかった素晴らしい点が出てくるわけです。それは、ここで言う「実」が、わたくしとキリストとの生命的な交わりから生まれてくる、人格的な生命的な実りであるということが、六章よりももっとよく分かります。

第二に、われわれの再婚相手であるお方は、四節にはっきりと書いてありますように、「死人の中からよみがえられたかた」でありますので、死を克服なさって永遠に生きておられる夫でありますので（六・九）、この夫との結婚生活は決して破綻を来たすことがないわけです。そういう意味で、このキリストとの結婚から生み出されます結婚の「実」は、非常に生命的であると共にまた永遠的な実りである、と言うことができます。

そのような素晴らしい実りある生活を、パウロは六節で「古い文字によらない、新しい霊による仕え方」なのだと、言っているわけです。

「仕えている」という言葉は、「奴隷にされる」という言葉で、六章一五節以下ずっと使われておりました同じ言葉であります。誰に、わたしたちは「仕えている、奴隷にされている」のか。もちろん、六章二二節に「あなたがたは罪から解放されて神に仕え――神の奴隷とされている――」とありましたから、ここでも「神に仕えている」というのであります。

で、この神様に「仕える」、そして神様に「実を結び」ながら生きておりますわたくしたちのキリストとの結婚生活は、「古い文字によってではなく、新しい霊による」と言われている点で、今日のところはまた新しい思想が加わってくるわけです。

「文字」でなくて「霊」。これを、律法の文字面ではなくて霊的な意味合いで、というふうに受け取られますと、それは間違いであります。〝旧約聖書律法の字面のリテラルな意味ではクリスチャンはもう関係がないけれども、そのスピリチュアル、霊的な意味では、われわれも旧約聖書律法に従って神に仕えているのです〟。神学的には間違いじゃないんですよ。しかしパウロがここで言っているのは、そういう律法の文字面か精神面かというコントラストではありません。そうではなくて、ここで言われておりますことは、律法から縁がなくなった、それがすなわち「古い文字」ではない、ということです。「古い文字」とはすなわち「律法」のことなのです。それに対して「新しい霊」というのは、キリストと結婚生活を営んでおりますクリスチャンの福音なのであります。

直訳すると「文字の古さにおいてではなく、霊の新しさにおいて」という言葉なのですが、この

「霊の新しさ」という「霊」とは、「聖霊」という意味でございます。わたくしたち自身の霊魂とか精神という意味ではなくて、「御霊のもたらす新しさの中で」われわれは「神に仕えている」。かつてはわたくしたちは、「文字」で書かれました「律法」によって自分の生活を規制しようとしておりました。しかし、そういう「文字」の「古さ」ではなくて、わたしたちは「御霊」の生み出す「新しさ」の中で「神に仕えて」生きる、のであります。この「律法」と「福音」のコントラストを「文字」と「霊」というコントラストで表すのは、既に旧約聖書のエレミヤの預言以来のことでありました。

エレミヤ書の三一章三一節から。有名な預言であります。「主は言われる、見よ、わたしがイスラエルの家とユダの家とに新しい契約を立てる日が来る。この契約はわたしが彼らの先祖をその手をとってエジプトの地から導き出した日に立てたようなものではない。わたしは彼らの夫であったのだが、彼らはそのわたしの契約を破ったと主は言われる。しかし、それらの日の後にわたしがイスラエルの家に立てる契約はこれである。すなわちわたしは、わたしの律法を彼らのうちに置き、その心にしるす。わたしは彼らの神となり、彼らはわたしの民となると主は言われる。人はもはや、おのおのその隣とその兄弟に教えて、『あなたは主を知りなさい』とは言わない。それは、彼らが小より大に至るまで皆、わたしを知るようになるからであると主は言われる」(三一—三四節イ)。

ここで「古い」契約は、石の板に書かれた「律法」、十戒の石の板を中心として結ばれた契約でありました。ところが、イスラエルはそれに背き、この「契約を破った」。だから、今度「新しい契約」を結ぶときには、もうそういうことをしない。わたしは今度はあなたがたの「心に」刻みつける。心の中に神様を知らせてしまう。だから、「小より大に至るまで」「主を知れ」などと言う必要がない。

もう聖霊によって心を変えてしまう。そういうものとして、「新しい契約」の時代を預言していたのであります。

ですからパウロは、コリント人への第二の手紙の三章六節以下で、「文字」と「霊」の比較を大変有名な言葉で語ったわけであります。

「神はわたしたちに力を与えて、新しい契約に仕える者とされたのである。それは、文字に仕える者ではなく、霊に仕える者である。文字は人を殺し、霊は人を生かす。もし石に彫りつけた文字による死の務が栄光のうちに行われ、そのためイスラエルの子らは、モーセの顔の消え去るべき栄光のゆえに、その顔を見つめることができなかったとすれば、まして霊の務は、はるかに栄光あるものではなかろうか。もし罪を宣告する務が栄光あるものだとすれば、義を宣言する務は、はるかに栄光に満ちたものである。そして、すでに栄光を受けたものも、この場合、はるかにまさった栄光のまえに、その栄光を失ったのである。もし消え去るべきものが栄光をもって現れたのなら、まして永存すべきものは、もっと栄光のあるべきものである。

こうした望みをいだいているので、わたしたちは思いきって大胆に語り、そしてモーセが、消え去っていくものの最後をイスラエルの子らに見られまいとして、顔におおいをかけたようなことはしない。実際、彼らの思いは鈍くなっていた。今日に至るまで、彼らが古い契約を朗読する場合、その同じおおいが取り去られないままで残っている。それは、キリストにあってはじめて取り除かれるのである。今日に至るもなお、モーセの書が朗読されるたびに、おおいが彼らの心にかかっている。しかし主に向く時には、そのおおいは取り除かれる。主は霊である。そして、主の霊のあるところには、自由がある。わたしたちはみな、顔おおいなしに、主の栄光を鏡に映すように見つつ、栄光から栄光へと、主と同じ姿に変えられていく。これは霊なる主の働きによるのである」(六―一八節)。

ここでパウロは、「文字」と「霊」をやはり「古い契約」と「新しい契約」のコントラストとして語っています。「文字は人を殺し」ます、しかし「霊は人を生かし」ます。「文字」は「消え去るべき栄光」でありましたが、「霊」は「はるかに栄光ある……務」を与える。「文字」は人を「罪」に「宣告」いたしましたが、「霊」は「義を宣言する」。「文字」は、つまり旧契約は、「心に」「おおいのかかった」「鈍い」状態でありましたが、「霊」の賜る新約の時代は、「思いきって大胆に」「自由に」「語る」ことができる時代であります。この「霊」とは、「主は霊である」とか「霊なる主の働き」と言われておりますように、はっきりと「聖霊」のことでございます。

ですから、今パウロがローマ人に語っております意味も、だいたいお分かりいただけるのではないかと思います。つまり、わたしたちは「文字」の「古さ」によらず、「霊」の「新しさ」によって「仕える」ということは、言い換えますと、ああいう外形的な、一時的な、外から律するような生き方ではなくて、聖霊がわたくしたちの心を内から新しくしてくださる原理の中で神様に仕えていくのだ、と言うのであります。

われわれクリスチャンの生活は、律法から解放されました。もう律法はなくなりました。しかしわたくしたちは聖なる霊によって新たにされて生きるのでありますから、この御霊の清さという原理によってわれわれは日々新たにされるのでありますから、決して罪の中に舞い戻るとか罪を犯し続けるということは成り立たない、そういうことは両立しない。〝律法から解放されていたら、罪を犯すべきでしょうか〟、六章一五節。こういう問いは全然出てこない。「律法から解放され」ていますが、わたくしたちは聖霊によって日々に新たにされるので「罪」とはいよいよ縁がなくなっていく、いよいよ神様に喜んでいただける「実を結んで生きる」、こういう「今」の生活に移っているのだ、とパウロは言うのであります。

どうか、「律法の下にではなく」、「律法から解放されて」しまった者でありつつ、なおきよく「生きる」というわたくしたちのあり方を、このパウロの教えを通して瞑想していただきたいと思うのであります。わたくしたちを外から縛り、外から律する「文字によってではなく」て、わたくしたちの心に神知識を刻みつけ、そうしてわたくしの心をいつもきよく新しく変えてくださる御霊に促されて、主に「仕える」生活を進めていきたい、と願うのであります。

祈ります。

神様。わたくしたちは、聖書の掟とこの世の掟と先祖伝来の伝統の掟と、実にさまざまな外からわたくしたちの生活や言葉や思いや人生を律する掟の下に束縛されて生きてきた者でございますが、そのときわたくしたちは何の実も結ぶこともできずに、かえって罪を誘い出し罪の欲情をそそのかされまして、いよいよ暗い生活に沈んでおりました過去を知っております。

神よ。どうか、そのような古い文字によってではなくて、わたくしたちに御霊の与えてくださいます清さと新しさとによって、一から変えてくださいますように。そのようにして、神様に喜ばれる実を、わたくしたちの日常の生活と自分自身の一生涯を貫いて神様の御前に結んでいくことができます者と、ならせてください。

どうぞ、わたくしたちが、今は古い主人であります律法から解かれて、死人の中からよみがえりたもうたいのちの主キリストと結婚しておりますます花嫁であることを、はっきりと確信することができ、そのことが意味しておりますわたくしたちの気づかない数々の恵みを深く瞑想させてくださいまして、本当にキリスト者らしく、すべての律法的な恐れから解き放たれ、聖霊の与える喜びと清さの中に自分の生活をささげていくことができますように、導いてください。

キリスト・イエスの御名を通して、乞い願い奉ります。アーメン。

七章七―一四節イ

律法なき安心と、律法による絶望

それでは、わたしたちは、なんと言おうか。律法は罪なのか。断じてそうではない。しかし、律法によらなければ、わたしは罪を知らなかったであろう。すなわち、もし律法が「むさぼるな」と言わなかったら、わたしはむさぼりなるものを知らなかったであろう。しかるに、罪は戒めによって機会を捕え、わたしの内に働いて、あらゆるむさぼりを起させた。すなわち、律法がなかったら、罪は死んでいるのである。わたしはかつては、律法なしに生きていたが、戒めが来るに及んで、罪は生き返り、わたしは死んだ。そして、いのちに導くべき戒めそのものが、かえってわたしを死に導いて行くことがわかった。なぜなら、罪は戒めによって機会を捕え、わたしを欺き、戒めによってわたしを殺したからである。このようなわけで、律法そのものは聖なるものであり、戒めも聖であって、正しく、かつ善なるものである。では、善なるものが、わたしにとって死となったのか。断じてそうではない。それはむしろ、罪の罪たることが現れるための、罪のしわざである。すなわち、罪は、戒めによって、はなはだしく悪性なものとなるために、善なるものによってわたしを死に至らせたのである。わたしたちは、律法は霊的なものであると知っている。

パウロはここまでのところで、わたしたちが罪から救われることを、「律法から解き放たれる、自由になる」、こういう角度でおもに論じてまいりました。そのために、〃かつて罪の下にあった、また律法の下にあったわたしたちは今や自由だ、罪からも自由だし律法からも自由だ〃という言い方が非常に強く出ておりましたために、あたかも「律法の下にあった」ということは「罪の下にあった」ということか、何かそういう誤解を与えるような節も見られたわけであります。例えば、六章一四節「なぜなら、あなたがたは律法の下にあるのではなく、恵みの下にあるので、罪に支配されることはないからである」。こういう言い方をされると、七章七節「それでは、なんと言おうか。律法は罪なのか」、こういう疑問が生じてくるわけであります。

いのちのことば社から出しております『新聖書注解』の旧約第一巻に、わたくしは「モーセ五書緒論」を書いておりますが、そこにも詳しくご紹介したように、実はキリスト教会は歴史の歩みを歩み出すと同時に、この問題、つまり「律法は罪である」のか、あるいは旧約聖書を持っていたのは間違っていたのか、クリスチャンは旧約聖書と旧約の掟をかなぐり捨てるべきなのか、こういう教えが強い力で教会の中に入ってまいりまして、二世紀、三世紀は非常に教会を危険な目に陥れたのであります。グノーシス主義と呼ばれる異端であります。確かにこれは、パウロの今までの議論から出てくるひとつの反応であると思います。しかし、パウロは「断じてそうではない」と退けまして、もうひとつの異なった立場を今日のところで訴えているわけであります。

この「断じてそうではない」、なぜか。その答えは、わたくしもどのようにご説明しようかと苦しんできたのですが、結局一〇節の中頃から一二節までにその結論的な答えが出てくるのだと思うのです。

「そして、いのちに導くべき戒めそのものが、かえってわたしを死に導いて行くことがわかった。なぜなら、罪は戒めによって機会を捕え、わたしを欺き、戒めによってわたしを殺したからである。このようなわけで、律法そのものは聖なるものであり、戒めも聖であって、正しく、かつ善なるものである」。

これが今日のところで、結局パウロが教えたい結論であります。今日からのところは、人の心の内深くをえぐるところでありますから、客観的な描写でなくあたかもパウロ自身の体験談のような形を採りまして、ここまでずっと語ってきまして結論を下すのでありますが、それを一〇節の最後に、こういうことが「わかった、発見された」、と驚きをもって語っております。

彼が発見したその意外なこととは何かというと、「いのちに導くべき戒め」が、実際には「かえってわたしを死に導いて行く」ということ、この正反対のことを発見した、というのであります。

戒めを守れ、そうすると汝生くべし。これは旧約聖書がずっと教えてきたことであり、特に敬虔な家庭で聖書を教育されましたユダヤ人は小さな時から習ってきたことでございました（シラ一七・一一「命をもたらす律法」、四五・五「命と知識をもたらす律法」参照）。一〇章五節に、パウロはこう言っています。「モーセは、律法による義を行う人は、その義によって生きる、と書いている」。確かに、掟を行っていけばその人は生きられる、と旧約聖書も書いています（レビ一八・五）。ところが実際に、自分の今までの信仰生活の中で彼は、反対にわたくしはどんどんどんどん「死に導かれ」ていることに気がついた、と言うのであります。

それが、一一節に出てきます「わたしを欺いた」という「欺き」なのであります。では、「わたし」をそのように「欺いた」犯人は誰かというと、それは一一節に彼が言いますとおり「罪は戒めによって機会を捕え、わたしを欺き」、「わたしを殺した」。「欺き」の犯人は、「罪」であって「律法」ではない。決して「律法」自体にいわゆる建前と本音との裏切りがあったのじゃない。看板は〝いのちに導きます〟と出しながら、中に入ってみたら〝死に至る〟毒ガスがいっぱいだった、というような裏切りを「律法」は働いたのではない。

一二節「このようなわけで、律法そのものは聖なるものであり、戒めも聖であって、正しく、かつ善なるものである」。

「聖」「正しさ――つまり義――」「善」、この三つの言葉を立て続けにパウロは使うのでありますが、これはすべて神様を賛美するのに聖書がずっと使ってきた言葉であります。神ご自身が「聖であり、正しく、また善」でありたもうので、神の与えてくださいました律法もまた「聖であり、正しく、善」であります。決して裏切らない。「欺い」たのは「罪」であります。

これがパウロの結論でありまして、もう一度ただ念のために、一三節「では、善なるもの――つまり掟――が、わたしにとって死となったのか」。掟がいいものだということは分かったけれども、それが変質したのか、ともう一回重ねて問いまして、またそれを打ち消します。

「断じてそうではない。それはむしろ、罪の罪たることが現れるための、罪のしわざである。すなわち、罪は、戒めによって、はなはだしく悪性なものとなるために、善なるもの――律法――によってわたしを死に至らせたのである。わたしたちは、律法は霊的なものであると知っている」(一三ロ―一四節イ)。

律法が聖霊によって賜った神々しいものであるということを疑わない。ただ、逆の結果に「わたしを導いた」のは「罪のしわざ」だ、とこう言っているわけであります。

さて、これが今日の結論なのでありますが、それを少しでも分からせるためにパウロは、七節後半から一〇節にかけまして、「わたし」の体験談の形を使いながら、この結論が分かるようにといろいろ苦労をして語っているわけであります。いわばここの「わたし」は、クリスチャンたち、読者たちの代弁者、代理人の「わたし」です(一四節「わたしたち」、八・二「あなた」参照)。

ここのところでパウロは、掟がなかった状態で伸び伸びと「生きて」おりました生活と、それから「戒めが来」てからの生活とを、ふたつ比較しております(九節)。

まず、「律法がなかった」とき。八節の最後でありますが「すなわち、律法がなかったら、罪は死んでいるのである」。

こういう場合の「死んでいる」というのは、存在しないというのではなくて、あるんだけれども活躍していない、眠っているという意味です。「律法がなかった」ならば、わたしの「罪」は眠っていて動かない。七節の最後の文章で言い換えますと「すなわち、もし律法が『むさぼるな』と言わなかったら、わたしはむさぼりなるものを知らなかったであろう」。その少し前、「律法によらなければ、わたしは罪を知らなかったであろう」。この「知る」――実際に自分で体験し、実際に自分で罪を犯すという意味でわたしは罪を「知る」とかやってみるということはなかった。そういう意味で「罪は死んで」おり寝ているのであります。

このような状態のときには、「わたし」自身はどうかと言いますと、九節「わたしはかつては、律法なしに生きていた」。この場合の「生きていた」というのは、生き生きと生きていたという意味でございます。つまり、何も自分を責めるものはなくて、自分がそんなに罪深い者だとも思わずに、伸び伸び楽しく生きておりました。結構自分に満足して生きておりました。これが、「律法なし」で生活するときの状態であります。「罪は」眠っており、「わたしは」罪を「知らず」、したがって生き生きと楽しく「生きてい」ました。

ところがそこへ、「戒めが来る」。九節「戒めが来るに及んで」すっかり違う状態が生じました。「戒めが来るに及んで」、眠っておりました「罪は生き返り」ました。八節の文章を使いますならば、「罪は戒めによって機会を捕え、わたしの内に働いて、あらゆるむさぼりを起させた」というふうに、今まで眠っておりました「罪」がむくむくと目覚めまして、「わたし」にいろんな罪を行わせるようになってきました。

「わたし」の方から言いますと、一〇節の初め「わたしは死んだ」のであります。この「わたしは死んだ」というのは、よくクリスチャンの生活を表すのに、四節などに出ていたのですが「律法に対して死んだ」ということではありません。そうではなくて、「戒めが来るに及んで」それまであんなに楽しく無邪気に生きていた「わたし」の伸び伸びとした生活が「死ん」でしまった、良心の呵責に打ちひしがれ、煩悶と呵責の下に生きる生活に変わってしまった。

「戒め」そのものが、裏切ったとか欺いたのではないのです。「戒め」は「善なるもの」なのですが、もともと「罪」を持っていて、しかし「罪」が眠ったままで「知らず」に「生きていた」人間のところへ「善い戒め」が訪れてきますと、それをチャンスに摑みまして、眠っていた「罪」が目覚め、「罪」をどんどんと「起し」ていく。それで、その本人は罪の呵責の下に滅んでいく。そういう意味で、「戒め」が「わたしを死に導いて行くことを発見した」、というのであります。

これを分かっていただきますために、例えば創世記の三章で、初めて罪が人間に訪れたあのエデンのお話を思い出していただくといいんじゃないかと思います。

パウロは七節で、神様の掟の代表的な例として「むさぼるな」という戒めを挙げております。この「むさぼるな」という言葉はモーセの十戒の第十戒から採られている、と普通に言われてまいりました。確かに、モーセの第十戒の言葉の一部であります。第十戒「あなたは隣人の家をむさぼってはならない。隣人の妻、しもべ、はしため、牛、ろば、またすべて隣人のものをむさぼってはならない」(出二〇・一七)。

注意すべきことは、パウロは、この第十戒にたくさん列挙されております何を「むさぼる」のがいけないのか、という〝何を〟というリストは全部無視しているということであります。「隣人の妻」だからむさぼってはいけないが、しかし本人の向上心であればいいのか、そういうことではないのですね。パウロはここで、「あらゆるむさぼり」を取り上げているのであります(八節)。その意味で、これは単なる第十戒ではなくて、無限の広がりを持つ神様の戒めに変わっているのです。人間の持ちますあらゆる欲望、人間の抱きますあらゆる欲、むさぼり、それはどんなに格好良く出世向上心だとか向学心であるとかいろんな言葉によって飾り立てましても、この言葉の中に包含されるものであります。

パウロはここで、「罪は戒めによって機会を捕え、わたしの内に働」き出して（八節）、「わたしを殺した」（一一節）、まるで一種の生き物のように描写しているのでありますが、この点では、ちょうどエデンの園でアダムとエバを襲いましたあのサタンの手先、蛇を思わせるような描写であります。「機会を捕え」て、と彼は二度も八節と一一節に言っているのですが、この「機会」と訳されている言葉は軍隊用語でありまして、軍隊が出陣するときの陣地を表す言葉であります。蛇が、戒めを出陣の陣地にし、人間を攻め出したのであります。実際、蛇は神が天地を創造したときからもちろんいたはずであります。しかし、神が人を造り、人に戒めを与え、〝あなたはどの木の実を食べてもいいが、この真ん中の木だけは食べるなよ〟と人間にひとつの制約を付け、人間があくまでも神のしもべとして神様の言いつけを守らなければならない者として生きるように、という「戒め」を与えたとき、蛇はこの戒めを出陣の機会ととらえて〝神様はほんとうに園のどの木からも取って食べてはいけないと言われたのですか〟と人に迫って来たのであります。〝決して死ぬことはないでしょう。あの木の実を取って食べれば、あなたがたは目が開け、神々のように賢くなるのだ〟と蛇は誘いました。そこで、人はその木の実を見ますと〝見るに良く、食べるにもおいしそう、賢くなるには好ましい〟と見えたのであります。つまり「むさぼり」が湧いたのであります。創世記三章六節の賢くなるには「好ましいと思われた」と訳されているのが、第十戒の「むさぼる」という言葉です。

この「むさぼり」の湧きました人に、蛇は「欺き」をもって近づき、「罪」を犯させ、ついに「殺した」、死に至らせたのでありました。

もちろんパウロはここで、決してエデンの園の堕落物語を直接語ろうとしているのではありません。堕落物語は、人間にまだ罪がなかったのに罪が入ってきたお話です。しかしここでパウロが言っているのは、罪がなかったのではなくて、「罪は死んでおり」眠っている状態で「知らず」にいただけなのです。そこへ「戒めが来た」時どうなるかというお話でございますから、これを同列に論ずるわけにはいかないと思います。

しかしパウロがここで、律法のことを「むさぼるな」、欲するな、というまことに漠然とした良い意味（マタ一三・一七、Ⅰテモ三・一、ヘブ六・一二）にも悪い意味にも訳せる言葉だけで語っておりますことは、重要であります。つまり、「戒め」というものは、いろいろなこまごまとした文章があり細かな規定があるようですけれども、その本質を言うならば、人の「むさぼり」を禁ずること。人は「むさぼってはならない」。人はただ従わねばならない。これが、律法の教えようとする眼目であります。あなたがたは神ではない、人であるということ。神に従わねばならないのであって、決して、あなたがたがいろんなことを欲し、「神々のように」ふるまうことではない。〝汝、むさぼるなかれ。汝、服従せよ。汝、神となるなかれ〟。この、神と人との基本的な違いを、人にいつもいつもわきまえさせるものが律法であります。

パウロは、コロサイ人への手紙の三章五節で「貪欲――つまりむさぼり――は偶像礼拝にほかならない」と言いました。人間が、あらゆる意味で「欲する」ということは己を神とすることであり、したがって「偶像礼拝」なのです。人は「欲する」のではなくて「服従」するだけである、というのであります。その意味ではわたくしたちは、確かに神の掟を聞きますときに、ちょうどエデンでエバとアダムが置かれていたと同じ状態に連れ戻され、わたくしは「神々のように」なるのか人にとどまるのか、という根本的な人間のあり方を試みられるのであります。

さて、パウロはここでむしろ自叙伝風に、子供の時から今までの体験からこの問題を読者に分からせようとしているのであります。七節から二五節までに、「わたしが」「わたしの」「わたしに」という特別なギリシヤ語の人称代名詞が二十五回も出てまいります。これは非常に多いですね。普通ギリシヤ語は、主語などは動詞の活用形だけで表して人称代名詞を使わないですから、普通ならば滅多に出てこない。それが、ここの所では「わたしは」「わたしの」「わたしに」といちいち人称代名詞を使って二十五回も語るのであります。

この「わたし」の体験について、一四節の中頃までは皆過去形で、思い出を告白しております。そして、一四節「しかし、わたしは肉につける者である」という所から終わりまでは全部動詞は現在形に変わりまして、クリスチャンになっている今、心の内で味わっております葛藤を生々しく描きます。今日は、そういう大人になる前の過去を語る部分を読みたいと思います。

もう一度、七節の「断じてそうではない」の次から読みましょう。

「しかし、律法によらなければ、わたしは罪を知らなかったであろう。すなわち、もし律法が『むさぼるな』と言わなかったら、わたしはむさぼりなるものを知らなかったであろう。しかるに、罪は戒めによって機会を捕え、わたしの内に働いて、あらゆるむさぼりを起させた。すなわち、律法がなかったら、罪は死んでいるのである。わたしはかつては、律法なしに生きていたが、戒めが来るに及んで、罪は生き返り、わたしは死んだ。そして、いのちに導くべき戒めそのものが、かえってわたしを死に導いて行くことがわかった。なぜなら、罪は戒めによって機会を捕え、わたしを欺き、戒めによってわたしを殺したからである」（七―一一節）。

ユダヤ人が、生まれますと物心の付くときから、親から読み書きを習いあるいは言葉を教わりますその言葉、その文字は、聖書の掟でありました。だからユダヤ人がものが言えるようになって最初に言える言葉は、旧約聖書の律法の言葉であり、彼らが字を書けるようになる最初は旧約聖書の掟の文章でありました。ところがユダヤ人は、男子十三歳から神の戒めを自分自身の責任でことごとく守る責任を請け負う一人前のユダヤ教徒として、成人式「バル・ミツワー」、〝戒めの子〟という意味でありますが、これを迎えるのであります。それは、その頃にならなければ暗記していた神の戒めの意味が分からないからであります。つまり、そのくらいの年齢になり性欲という「むさぼり」を知るようになったとき初めて、〝汝姦淫するなかれ、汝隣人の妻をむさぼるなかれ〟と言葉で叩き込まれていたことの本当の意味が分かりかけるからであります。

ですからもちろん、「わたし」は、生まれたときから戒めは聞いていたのです。そういう意味ではもう知っていたのですが、九節で「戒めが来るに及んで」と言っておりますのは、モーセの律法が〝姦淫するなかれ〟とか〝むさぼるなかれ〟と戒めていた言葉の意味が本当に自分に「来る」、分かる。男性としての性欲を感じ、女性をむさぼりたくなってきた思春期、青年期において戒めの意味が自分に分かったときに、それを守ろうといたしますと、「わたしの内に」「罪」がむくむくと「機会を捕え」て起こってきて、いけないと言えば言うだけ一層むさぼらせる。こういう体験をしたわけです。

だから、「わたしは死んだ」。あのかつての、何も知らなかった子供のときの生き生きとした生活は失せて、青年期の「わたし」はもう本当に良心の呵責に打ちひしがれて「死んだ」生活になった、と言うのであります。

つまり、自分は欺かれた。決して律法に欺かれていたわけではない。「わたし」の中に巣食っておりました「罪」が大人しく隠れていたために、少年のときにはこんなことは僕は守れると思っていた。それが、守ろうとするとむくっと「罪」が中で起き出しまして、反対のことをやらせる。そうして初めて、ぼくは何とまあ無力な者だ、何と自分は醜い人間だということが分かってきた。「わたし」は「罪」に欺かれた、のであります。「戒め」そのものは正しい、きよい、決して罪ではない。むしろ、その「戒めが来るに及んで」、それまで「わたし」の中に隠れていた「罪」が正体を現し、「わたしを死に導い」たのです。これが今日のパウロの答えであります。

わたくしたちに引き当てて考えて終わりましょう。

われわれクリスチャンは、決して、この神の掟を首尾よく守り果たすことによって神様から義とされて救われるのではありません。そのような手続きからは解き放たれております。わたくしたちはただ、自分が無力であることをキリストの前に告白して、主イエス・キリストをわたしの救い主として信じますと言えば、その信仰によって、恵みによって救われます。

わたくしたちが救われる手続きとしては、もはや「律法の下にはいない、恵みの下にある」。けれども、それでは掟はもう一切合財無効になったのか、というと、そうではありません。先ほど学びましたように、掟は、神の被造物に対して、神が契約を結んだしもべに対して、己の分をわきまえさせるための教えであります。〝汝むさぼるなかれ、汝神の如くなるなかれ、汝服従せざるべからず〟と人間に被造物である身分、神の契約の下にあるしもべである立場を規定するものであります。ですから、クリスチャンも被造物であるからには、神のしもべでありますからには、掟の下にあるのでありますす。クリスチャンにとって、依然として律法は効用があり、用途があります。

そうして、その掟の用途のひとつが、今日のところでよく示されましたように、わたくしの内で眠っておりわたくし自身が気づかないでおります自分のむさぼり、自分の傲慢、自分の罪にわたくしたちが気づく、ということであります。もちろん、それに気づいたからこそ信じたのです。クリスチャンになったわけです。でも、わたくしたちは長い人生の途上で掟に照らして自分を点検していきますとき、まだまだむくむくと「罪が戒めによって機会を捕え」てわたくしを攻めて来るのを「知る」のであります。そういう意味で、クリスチャンはなお、律法を持たなければなりません。それは「罪の罪たること」を「現す」ものであります（一三節）。

パウロがここで、自分の内に死んでいた罪に目覚め、自分が罪意識に殺され、「わたしは死んだ」という暗い状態から、初めて主イエス・キリストを見出して生きるようになった、こういう順番を語っていることに、わたくしたちは注意しなければならないと思います。

わたくしたちは、ただ初めから、神様は愛の神、神様はあなたを愛している、イエス様も愛の方、イエス様はあなたに対していのちを捨てるほどに愛されました、というふうに、愛だけで救われていく、その優しさと愛情におすがりして甘い救いの世界に連れられていく。そういうことをパウロは考えておりません。そうではなくて、一度「戒めが来るに及んで」、わたくしたちが気づかずにおりました「眠っていた罪」が「働いて」、「わたしを」罪意識に「殺した」、そういう深刻な罪の悩みにわたくしを陥れたところから、〝キリストが救ってくださいます〟という喜びへと移らなければならない。そのような深刻な自分の罪意識抜きに、ただ愛されたいという甘い救いというものを、パウロは宣べ伝えようとはしていないのであります。

これはもうどんな領域でもあると思うのですが、わたくしたちはいろんな体験で〝こんなことなら知らなければよかったのに〟と悔やむようなことを、子供の時から今までいろんな場面で味わってきたのではないかと思います。しかし、神様の律法は、そのような自分の正体を知らないでいるがゆえに心安らかで生き生きとして楽しかったという、律法なき平安、自分の正体を知らないがための自己満足、自分の汚さに気づかないがための自尊心、こういうものよりもむしろ、戒めによって自分の中にどんなに罪があり、自分はどんなにむさぼろうとしている人間であるかということに目覚めて煩悶する方が、よっぽど優れている、とわれわれに教えているのであります。

わたくしたちは今日、いろんな意味でこの神の律法の効用を忘れているのではないかと思わせられます。

非常に手っ取り早く言いますと、例えばわたくしたちが自分の子供を育てていくときに、パウロがここで自叙伝風に語っておりますような体験を自分の子供にさせることができるだろうか、ということを、わたくしも親でありますから深く考えるのであります。

今日の時代の家庭において育った子供は、おそらくこのような深刻な罪意識に目覚めることは少ないのじゃないかと恐れます。そこでは、親の愛と恵みとがもうさんさんと降り注がれまして、律法の鞭は決して振るわれない。ただ恵みと愛ばかりで子供たちは育っていく。物心が付き、中学か高校ぐらいになってから初めて、中等科あたりで十戒を教えましょうか、というのが今日のクリスチャン・ホームの手順になっているのではないかと思います。それでは、遅いのだと思います。自分で選べる年齢のときに初めて戒めを聞いたら、初めから断るだけです。気に食わないから、〝わたしはもう日曜学校に行くことをやめる〟と決めるだけです。それでは「戒め」がわたしに「来る」ということは、絶対起こらない。「律法」がわたしに襲ってくる、わたくしは逃げることができずに「律法」に殺されますためには、わたくしの中に前からもう律法がなければならない。そうして自分自身がやっと物心がつき物が判断できるようになりましたときに、わたくしの中に刻まれておりました「戒め」と自分とを照らしてみて、自分が殺されるというふうに思春期を迎えるのでなければならないんじゃないか、と思います。

子供だけではありません。大人のクリスチャン自身もまた同じではないかと思います。わたくしたち自身が恵みによって罪をゆるされ、神の愛によって救われておりますがために、わたくしたちの実際の信仰生活において恵みに慣れすぎていることがあるのではないかと恐れます。だいたい、「恵み」というのは、ルールに則らないことを「恵み」と言いますね。つまり例外を許してくださるのが「恵み」なのですね。わたくしたちが自分の信仰生活を生涯続けていきますときに、いろんな意味でルール違反をいたしまして、明らかに教えられている〝こうしなさい〟〝こうしてはいけません〟というクリスチャンのルールから外れましても、例外的に神様はわたくしを何とか恵んでくださらないか、わが家だけは例外的に恵みをもって祝福してくれないか、とまことに虫のいい恩寵を期待してばかりおります。そうではないでしょうか。物質的な物体と自然界にちゃんと法則がありますように、神様に救われ神様の下で生かされておりますわれわれの霊的な世界にも、ちゃんと霊的な掟はあります。こうするならば信仰は育ち、このようにするならば信仰は堕落する、そういう法則はあります。

わたくしたちは、ぜひその律法の下に服従をしたいと思うのであります。そのときに初めて、わたくしたちは深刻な自分の罪をざんげし、そのような罪深い、むさぼってばかりおりますわたくしにもかかわらず、キリストのゆえにゆるしてくださる神の恩寵を賛美できるのであります。

祈ります。

神様。あなたは、神であらせられます。わたくしたちは神ではありません。

神様。あなたは、わたくしたちを無から造り出し、陶造りが、作りました器物を心のままに打ち砕くことも許されておりますときに、あなたはわたくしたちに契約を結び、戒めを与え、わたくしたちをあなたとの交わりの中に迎え入れてくださいました。ただ、わたくしたちがむさぼらず、神のごとくなろうとせず、あなたに服従して生きる道でございます。

顧みまして、わたくしたちは罪の中から救われ、神の子とせられ、キリストのしもべとされておりながら、この基本的な掟を無視いたしまして生活しておりますわがままを、御前に深くざんげいたします。

神よ。どうか、わたくしたち自身、またわたくしたちの教会、わたくしたちの家庭、わたくしたちの子供の中に、あなたの聖で正しく善なる戒めを豊かに刻み込んでくださいまして、そのあなたの戒めの前で、わたくしどもが絶えず自らの姿を正していくことができますように、律法を与えてください。

キリスト・イエスの御名を通して、切にお願いします。アーメン。

七章一四―二五節

神の律法と罪の法則

わたしたちは、律法は霊的なものであると知っている。しかし、わたしは肉につける者であって、罪の下に売られているのである。わたしは自分のしていることが、わからない。なぜなら、わたしは自分の欲する事は行わず、かえって自分の憎む事をしているからである。もし、自分の欲しない事をしているとすれば、わたしは律法が良いものであることを承認していることになる。そこで、この事をしているのは、もはやわたしではなく、わたしの内に宿っている罪である。わたしの内に、すなわち、わたしの肉の内には、善なるものが宿っていないことを、わたしは知っている。なぜなら、善をしようとする意志は、自分にあるが、それをする力がないからである。すなわち、わたしの欲している善はしないで、欲していない悪は、これを行っている。もし、欲しないことをしているとすれば、それをしているのは、もはやわたしではなく、わたしの内に宿っている罪である。そこで、善をしようと欲しているわたしに、悪がはいり込んでいるという法則があるのを見る。すなわち、わたしは、内なる人としては神の律法を喜んでいるが、わたしの肢体には別の律法があって、わたしの心の法則に対して戦いをいどみ、そして、肢体に存在する罪の法則の中に、わたしをとりこにしているのを見る。わたしは、なんというみじめな人間なのだろう。だれが、この死のからだから、わたしを救ってくれるだろうか。わたしたちの主イエス・キリストによって、神は感謝すべきかな。このようにして、わたし自身は、心では神の律法に仕えているが、肉では罪の律法に仕えているのである。

旧約聖書に、これを行えばあなたがたは救われる、という神の律法が教えられておりました。しかし、この律法を行おうとすることによっては結局は人間は救われない。旧約聖書に書いてある神様の掟を守るという道はあきらめて、むしろ恵みに富みたもう神とその神の遣わしてくださる救い主イエスを信ずることによって救われましょう、これがパウロの教えてきました「福音」であります。

それでは、せっかく千何百年も前から、ずっと神が律法を人間に与えてこられたのは、結局、無駄だったのか、「律法は罪なのか」。こういう疑問が起こってくることを恐れまして、パウロは七章の七節から一四節の中頃までに、いや、律法が罪なわけではない。「律法」そのものは、神様の賜物として「聖く、善く、正しい」のであるけれども、ただ、わたしの中に眠っていた「罪」がむくむくと頭をもたげてわたしを「欺いた」。「わたしを死に導いて行った」のだ。「律法」のせいではなくて「罪」のせいなのだ、とパウロは説明をしたのであります。

この、律法の建前と実際とが食い違う矛盾の問題を、パウロは今日わたくしたちが学ぼうとしております一四節から二五節を通しまして、再びまた別の角度から取り上げようとしているのであります。

どちらの部分でも、この間注意したとおり、パウロは珍しく「わたしは」「わたしは」という言葉を何回となく使っています。

同じ「わたし」を語るにいたしましても、七節から一三節か一四節までは全部過去形で語られておりますように、「わたし」がイエス・キリストを信じて生まれ変わる前、過去の自分の思い出を語ったのであります。それに対して、一四節の中頃「しかし、わたしは肉につける者であって、罪の下に売られているのである」という文章から突然、過去形ではなくて現在「わたしは肉につける者である」という現在を語る文章が二五節までずっと続きます。そこで、一体この一四節から二五節で「わたしは」「わたしは」と言っておりますのは何のことだろうかというのが、ここの一番話題になる問題であります。

歴史的に言いますと、三世紀頃まで古代のキリスト教の先生方はだいたい、ここの「わたし」を前の部分の七節からの「わたし」に続いて、同じように生まれ変わる前のパウロの回想録と解釈してきたのであります。この考えは、長い年月を経まして再び最近ロマ書の研究家に有力な見方になっております。

それは、ひとつには、一四節にありますとおり「わたしは肉につける者であって、罪の下に売られている」という文章は、救われたクリスチャンにはふさわしくない。五節で「わたしたちが肉にあった時には」とパウロは古い自分の過去を語ったのでありますが、それと同じ状態なのだから、やはり信仰に入る前の自分を語っている。六章の一七節「あなたがたは罪の僕であった」そのように、今七章一四節で「わたし」も「罪の下に売られている」と言っているわけですから、キリストの福音で救われる前の自分を語っている。

そうでなければ、例えば一八節に「わたしは善をする力がない」、あるいは「善なるものが宿っていないことを、わたしは知っている」というような文章は出てこないのではないか。いくら不完全な信者でもひとつ、ふたつ善はできるはずではないか。

何よりもはっきりしているのは二四節であって、「わたしは、なんというみじめな人間なのだろう。だれが、この死のからだから、わたしを救ってくれるだろうか」と、救いを待っている状態に自分を置いて語っている、とこう考えられているわけであります。

それに対して、有名なアウグスティヌスは、初めはそう考えていたのでありますが、自分自身の深い求道信仰、生活体験の中で、この読み方は間違っている、と信ずるに至りました。そうして、アウグスティヌス以来ずっと、この一四節以下二五節までの「わたし」とは「クリスチャンであるわたし」という意味だと教会は理解してきたのであります。

と申しますのは、パウロは、例えばガラテヤ人への手紙の一章とかピリピ人への手紙の三章に、クリスチャンになる以前、どんなに自分はパリサイ人で教会を迫害して律法を守ろうとしていたかということを振り返って紹介するのですが、そういう文章を読みますと、パウロは決して、その頃自分はこんなに悶々としていた、とは語らないで、本当に自信を持って「律法」に対しては「落ち度のない者」と確信をしていた、とあります。

また、今日の二五節で「わたしたちの主イエス・キリストによって、神は感謝すべきかな」とはっきりキリストによる福音を味わった者として、すぐ続いて「このようにして、わたし自身は、心では神の律法に仕えているが、肉では罪の律法に仕えている」、というのです。だから、この二五節は、どう読んでもイエス・キリストによって感謝できる救いを味わいながら、その自分が一方では神の掟に他方では罪の掟に従う、という自己分裂を語っているとしか思えない。

その上、確かに善がないとか善が行えないとか言ったようでありますが、よく注意をしますと一六節以下で繰り返し繰り返し、「善を欲している」ということは非常にはっきりと語ります。このような聖なる意欲と意志に変わるということは、本当に信仰を持ってクリスチャンにならなければできないことであります。わたくしたちがクリスチャンになる前は、むしろ不正を楽しみ快楽を喜び、善をするよりもむしろ楽をしている方が楽しいという、そういう意志そのものが不潔だった。パウロがここで言っているように強い善への意志というものは、生まれ変わっていなければ生まれてこないと思われます。

彼は、はっきりと二二節でも「わたしは、内なる人としては神の律法を喜んでいる」と言うのですが、このようなことはわたくしたちの心が生まれ変わっている証拠であります。この「わたし」という人物は、明らかにクリスチャンであります。

このように、ふたつ大きな意見がここの部分で分かれてきたわけでありまして、イギリスのある牧師が言っておりますが、本屋が毎度新しい本が出たと言ってわたくしのところに新刊書を売りに来るときに、ロマ書の注解書が出ると、わたくしは真っ先に七章一四節以下を開く。そこで、「わたし」を誰と解釈しているかによって買うか買わないかを決める、そう書いていらっしゃいます。これは、世界に共通してロマ書解釈のふたつの非常に違うタイプを分ける一番はっきりとした区切り目である、と言っていいものでございます。

と申しますのは、実はこの意見の食い違います理由に、本当はと言いますか、もっと根深い理由がある。ただ、ここでこう書いてあるというような文字の解釈ではなくて、その人の持っております人間観が知らず知らずここに影響してきたからです。

近代のドイツから生まれました敬虔主義、またその影響を受けました今日でも非常に霊性を重んずるタイプのキリスト教では、イエス・キリストを信じて生まれ変わり、救われて清められる聖化というものを非常に強く主張し、高く期待いたします。そのために、パウロがここで語っておりますような、善がない、善が行えない、むしろわたしは罪の掟に仕えているというような醜い姿は、聖化されているクリスチャンにふさわしくない。そこで、こういう醜い「わたし」は救われる前のわたしなのだ、こういうふうに考えたのです。もっとクリスチャンは清らかなものではないか、と過大な期待を持ちますと、ここに書かれている「わたし」は、そういう意味でのクリスチャンではあり得ないという評価につながるわけです。

もうひとつ、最近になって再びこの「わたし」をクリスチャンになる前のパウロと考える人たちが増えてきたのは何ゆえかと申しますと、結局はその人たちに、生まれながらの人間の中にかなり善いものがある、と評価する人間観がはやってきたからであります。

確かに、同じ時代のローマやギリシヤの文化人の書物を見ますと、パウロとほぼ同じような深刻な自分の葛藤を語っている人たちはいっぱいいるのであります。エウリピデス（前四八五―四〇六年頃）は申しまして、「わたしは確かに自分のしようとしている事は悪であることを知っている。しかし情欲がわたしの意図よりも強すぎるのだ」と告白しております（『メデア』五・一〇七七）。エピクテトス（五五―一三五年頃）は、「罪人（泥棒）も、過ちを犯そうとは願わず、正しく行動しようと願っている。だから彼は、自分のしていない事を欲し、自分のしている事を欲していないことは、明らかである」と語っております（アリアノス『エピクテトス』二・二六・四）。このようなさまざまな一般的な文化人の深い自己反省や人間観察を見まして、パウロがここに語っていることは結構クリスチャンになる前の人間が語れるものだと考えるのです。

二章一四節で「すなわち、律法を持たない――つまり旧約聖書を持たない――異邦人が、自然のままで――生まれながらで――、律法の命じる事を行うなら、たとい律法を持たなくても、彼らにとっては自分自身が律法なのである。彼らは律法の要求がその心にしるされていることを現し、そのことを彼らの良心も共にあかしをして」いる、と言われている。だから、聖書を持たなくたって人間は皆心の中に「律法の要求」が刻まれている、そして「律法の命じる事を行う」ことがある、と考えますので、ここのところを、何もクリスチャン・パウロの告白と読む必要はない、そう考えておられるわけであります。

わたくしははっきりと、ここの「わたし」はクリスチャンであると信じております。二章の一四節、一五節、一六節でパウロが、異邦人も「律法の命じる事を行う」ことがある、と言っておりますのは、律法のたまたまひとつ、ふたつの要求事項を守っていることがあるという意味であります。パウロが今七章で言っております「律法」というのは、そういう人間の心の中に良心の声で聞こえる善の意志ではなくて、旧約聖書という外から与えられる戒めのことであります。先週も九節で学んだのでありますが、あるときに「戒めが来るに及んで」と語りますような、外からあてがわれた聖書の掟のことであります。ですから、ここを二章と関連付けて読むのは全然間違っております。

そういうわけでわたくしは、ここはクリスチャンの内面が覗いている個所だとは思いますけれども、それならばパウロは本当にそういう自分の心を珍しく告白したのだろうかというと、パウロは何も、自分を紹介することを目的としているのではないと思います。ここの趣旨は、あくまでも「律法」とはどういうものか、「律法は罪」であるか、ないかということを論じたいのです。

その論証の中で「わたし」は内面をちょっと吐露いたしますが、それは何もパウロに限らない、どんなクリスチャンだって皆分かるものとして語っているのだと思います。言い方を変えれば、これは旧約以来用いられてきた〝物語の「わたし」〟文体です（ダニ四章、トビ一・三—三・六）。歴史資料や日記の「わたし」とは違います。ですからわたくしたちは、あまりここでパウロという個人に興味を寄せて〝あの偉いパウロも内面はこうだった〟というふうに読むべきではないと思います。彼は、一四節で「わたしたちは、律法は霊的なものであると知っている」と複数形で語ります。二五節でも「わたしたちの主イエス・キリストによって、神は感謝すべきかな」と語ります。あくまでも彼は、クリスチャンみんなの体験、実感に訴えて、その中のひとりとして「わたし」という言葉を使うだけでありまして、ことさらに〝わたしの信仰体験を皆様にお分かちいたします〟という証しではないと思います。

さて、それだけのことを踏まえていただいて、パウロが一四節から二〇節までに論証しておりますこと、そしてそこから、二一節から後にその結論を出しているわけでありますが、それを噛み砕いて理解していきたいと思います。

何よりも彼の議論のスタートをなす大事な点は、一四節に彼が言っていますように、「律法は霊的なものである。しかし、わたしは肉につける者である」という「霊」と「肉」という比較であります。パウロが好んで使います「霊的」「肉的」という言葉は、決して一方が精神的、他方が肉体的という意味ではありません。むしろ、神様から来たものを「霊的」、それに対して生まれながらの自然なものを「肉的」と申します。そういう意味では「霊的」だ「肉的」だと言うのは、何と言うのでしょう、倫理的な評価を表す言葉であります。

しかしパウロが「肉につける者である、肉的である」とここで言っております言葉は、五節で「肉にあった時には」とクリスチャンになる前を語りました言葉とは、似ておりますが実は違う言葉なのです。「肉的である」というのは、肉の中にどっぷり浸かっていたということではなくて、わたしの中にまだ生まれながらの性質、自然なままの性質がある、という意味です。パウロは一八節で「わたしの内に、すなわち、わたしの肉の内には」と言っています。また二五節の最後にも「わたし自身は、肉では罪の律法に仕えている」と言います。要するに自分の中に「肉」がある、生まれながらの性質がありますということなので、これはパウロであろうとなかろうと、クリスチャンは皆さん承認せざるを得ないことだと思うのです。どんなに清めが進んでいる方でありましても、この事実を否定する方はないんじゃないでしょうか。そうしてパウロに言わせれば、その「わたしの肉の」中に「善なるものが宿っていない」、「罪」があると一七節、一八節で言っているのでありますから、これも誰も否定できるクリスチャンはないんじゃないかと思うのです。

コリント人への第一の手紙の三章一節以下で、コリントの信者に向かって、生まれ変わっておりますクリスチャンに向かって、パウロは「あなたがた」はまだ「肉に属する者、すなわち、キリストにある幼な子」、「肉の人」（三節）と呼びかけております。この「肉に属する者」「肉の人」というのは、クリスチャンではないと言っているのではないのです。「キリストにある」のです、ただ「幼な子」なのです。これを「肉に属する者」「肉の人」とパウロは表現しているわけで、クリスチャンになりました者がなお弱さを持っている、生まれながらの古い性質を持っている、その中に罪がある、その中には善がない、と言っているのであります。

「罪の下に売られている」というのはもちろん奴隷にされているということでありますけれども、この文章でパウロが言いたいことは、後ほど二三節で「わたしの肢体には……罪の法則」がある、そして「わたしをとりこにしている」、と嘆きますとおり、自分を自分で思うままにできない、百パーセント完全に自分が自分の生活のあるじになり切れていない、というもどかしさです。

パウロは、このもどかしい、内的に矛盾しております自分を、一五節から二〇節で解剖して見せます。

一五節「わたしは自分のしていることが、わからない」。

こういう場合の「知らない」というのは、ただ知的に知らないという意味ではなくて、むしろ承認したくない、これは自分のしていることだ、自分の責任だと認めたくない、自分としては反対したいことだ、というような気持ちだと思いますね（詩一・六、ホセ八・二など）。「わたしは自分のしていることが、わからない。なぜなら、わたしは自分の欲することは行わず、かえって自分の憎む事をしている」というのであります。

この「自分の欲する事」と自分の「行い」とが裏腹であるという事実から、彼は一六節で驚くべき結論を下します。

「もし、自分の欲しない事をしているとすれば、わたしは律法が良いものであることを承認していることになる」。

ここで「承認する」と訳されるのは心からの同意を表す言葉で、新約聖書でここしか出てきません。これは大変飛躍した結論の仕方でありまして、ひとつの大事な前提が本当は必要です。つまり、パウロの「欲している事」は、「律法」にかなう善を欲しているということ。とにかく彼の意欲の良さが前提されなければ、こういうことは言えないですね。

わたくしたちがクリスチャンになる前の内的な矛盾は、こうではなかったのです。欲している事はもっと悪い事をしたかった。けれども、しつけが良すぎてわたくしは大した悪事はできなかった。こういう矛盾もあるわけです。ですから、欲している事と行っている事がただ矛盾するだけでは「律法が良い」ことを認めているかどうかは出てこないので、あくまでも「欲している事」は善である、掟にかなおうと欲している、という聖なる意志に変わっていなければなりません。明瞭にここでパウロはクリスチャンの意志を語っているのでありまして、この前提を後ほど一七節、一八節、一九節と読んでいきますうちに、彼は明らかにしてくれます。

一八節「わたしの内に、すなわち、わたしの肉の内には、善なるものが宿っていないことを、わたしは知っている。なぜなら、善をしようとする意志は、自分にある」というふうに、ここで初めて自分の意志は「善をしよう」という良い「意志」だ、と明らかにし始めます。一九節「わたしの欲している善」、二一節「善をしようと欲しているわたし」、こういうところに来て初めて、先ほどの「律法が良いものであることを承認している」という大事な結論が論理的には成り立つわけであります。

ところがパウロは、そのように自分の生まれ変わった意志が掟にかないたい、善を行いたいと「欲して」いながら、そういう根本的な新しい意志を持つ自分に、どうも違う意志がある、そしてそれを「行っている」力が自分にある、と気づくのであります。それが「肉」であり、「内に宿っている罪」であります。

この彼の中にあります根源的な意志、善を行いたいという根源にある彼の意志と、それから実際行っている事との矛盾。行うからにはもちろんそれを意志するのですよ、だから表面的な意志がある。パウロははっきり一五節で「わたしは自分のしていること」と言っておりますように、やっぱり自分がそれをするだけの意志はあるのですが、そういう表面に漂っている意志とわたしの内に根源的に生まれました聖なる意志との違いを、感ずるのです。そうして、この自分の根源にある意志を「内なる人」と二二節で言い、二五節では「心では」と呼びます。ところがそれと無頓着に悪い事を喜んでやっていく自分の中にある力を、「肉」と彼は言っているわけであります。このふたつの全く対立したものが自分の中にあることを明らかにして、そこから二一節以下にパウロは結論を下していきます。

「そこで、善をしようと欲しているわたしに、悪がはいり込んでいるという法則があるのを見る——見出す——。すなわち、わたしは、内なる人——すなわち根源的な自分の意志——としては神の律法を喜んでいるが、わたしの肢体には別の律法があって、わたしの心の法則——つまりわたしの心が仕えたいと思っておりますの律法——に対して戦いをいどみ、そして、肢体に存在する罪の法則の中に、わたしをとりこにしているのを見る」と、ふたつの律法を「発見する」のであります（二一—二三節）。

この「戦いを挑む」という言葉も、ここにしか出てきません。

ひとつは「神の律法」であり、それをパウロは根源的な意志、「わたしの心の法則」、わが「心」が仕え望んでいる「律法」と呼びます。もうひとつは、「罪の法則」あるいは「罪の律法」（二五節）と彼が呼ぶものでありまして、それは自分の「肢体」にからんでいる（二三節）、わたしの「死のからだ」（二四節）にまといついている「法則」なのであります。ここに、この前（七—一三節）と同じ問題を扱いながら、今日の所の新しい扱い方がはっきりと出てまいります。

この前の一三節までの所でパウロが議論しましたことは、かいつまんで言いますと、神様の「律法」というのが「来た」。この「律法」は「いのち」にわたしを「導いて」くれる。この「律法」を、ひかり号にたとえれば〝いのち行き〟なのだ。そういうものとして「来た」。ところが、その「律法」が来て」、ああ、うれしい、わたしは「いのち」へと連れていってもらえるのか、と思いますと、パウロがそれまでに気づかずにおりました眠っていた「罪」という運転手がむくむくっと頭をもたげまして、この「罪」という運転手が、「律法」という列車を「死」の方へと動かしていってしまった、「わたしは欺かれた」、着いてみたら「死」であったと、こう言ったのですね。このように「いのち」に行くはずの「律法」が実際にはわたしを「死に導く」ように方向を変えさせてしまって、わたしをペテンにかけた張本人は、眠っていて気がつかなかったが「罪」というものであった。こうパウロは言いまして、だから「律法」は本来「いのち」のための「聖なるもの」であって悪いのは「罪」なのだ、こう分析してみせたわけであります。

今日の所は少し違いまして、「神の律法」が与えられますとわたしの中にそれを行いたいという意欲が湧くのです。わたしの根本的な「内なる人」としては、この掟に応えたい（二二節）。ところが、自分は一目散にこの慕わしい神の律法に馳せ参ずることができるかと思うと、そのときわたしの中に別の力があって一所懸命、後ろに引っ張る。「わたしの欲している善はしないで」、「わたし」の捨てたいと思っている「悪は、これを行っている」という（一九節）、わたしのもうひとつの部分があるということが、非常にくっきりと出てきた。まるで、連れ子をして再婚しようとする女の人みたいなのですね。相手の人とは結婚したいのですが、さあいざ結婚する段になると連れ子の方がいやいやと言って、どうしても結婚させてくれない、というように、わが方に内部分裂が生じた。そうして、それがあんまり来る日も来る日もそうでありますから、パウロは、この自分の中で楯突く力にひとつの法則性がある、これは「罪の法則」とさえ言える、という事実に気がついた、というのであります（二一、二三節）。

このようにして、「神」から与えられる「律法」と、わたしの「意志」はそれに応えたいが、わたしの中に「罪の律法」というもうひとつの律法が前からあって、これは事ごとに楯突くという反応を呈する。「わたしは、なんというみじめな人間なのだろう」（二四節）。「わたし自身は、心では――つまり内的な根源的な意志としては――神の律法に仕える」んだけれども、なお、わたしの中に残っている「肉」が、悪い事しかできない、善い事は決してしたくないという「罪の律法」に奉仕しているのだ、というのであります（二五節）。

「この死のからだから救ってくれる」のは「だれ」でしょうか（二四節）。もちろん、自己自身ではあり得ない。しかし、それはまた他人の誰か立派な人間であるということもあり得ない。それは、「わたしたちの主イエス・キリストによって、神は感謝すべきかな」（二五節）。ただ、この「肉」に染まった汚れた肉体が朽ち果てて、わたくしたちを本当にきよい霊のからだに復活させてくださるところの「主イエス・キリスト」の「神」の救い、ここにだけ究極的な希望があるので「感謝すべき」だ、とパウロは最後の望みを歌い上げるのであります。これが、今日の全体の趣旨であります。

内村鑑三は、ここのところに「パウロの二重人格」という題を付けたのですが、確かにここに二重人格的なクリスチャンの有様が描かれていると思いますね。

一七節「そこで、この事をしているのは、もはやわたしではなく、わたしの内に宿っている罪である」。二〇節「もし、欲しないことをしているとすれば、それをしているのは、もはやわたしではなく、わたしの内に宿っている罪である」。

誤解されると困るのですが、決して、パウロが罪を犯し続けている自分の責任逃れのために、〝これをやっているのは僕じゃないんです、僕の中の罪なのです〟と言って、責任を他になすりつけるせりふではありません。彼ははっきりとこの「肉」を「わたしの肉」と言い（一八節）、二五節の最後ではっきり言うように、「わたし自身」が「心」と「肉」とちぐはぐなのです。これはやっぱり、自分の責任なのです。ですから、パウロはここで決して、責任逃れのために自分を器用にふたつに分けて

〝善を欲する自分が自分で、悪をしているのは俺じゃない〟などと言っているのではないのです。

パウロは他の所で、全く逆のことも言っているのです。コリント人への第一の手紙の一五章一〇節では「しかし、神の恵みによって、わたしは今日あるを得ているのである。そして、わたしに賜わった神の恵みはむだにならず、むしろ、わたしは彼らの中のだれよりも多く働いてきた。しかしそれは、わたし自身ではなく、わたしと共にあった神の恵みである」と語っているのであります。ガラテヤ人への手紙の二章二〇節では、「生きているのは、もはや、わたしではない。キリストが、わたしのうちに生きておられるのである」と申します。

同じ構造ですね。今日の所は、「罪」という問題を取り上げたときに、「悪」を欲しているのは「わたし」じゃない、「わたし」の中の「肉」であり「罪」であると申します。しかし、パウロが人よりも一層勤勉に働いた、実に生き生きと生きていると、その美点なり素晴らしさは誰のせいかというと、「わたし自身ではなく」わたしの中にある「神の恵みである」、「わたし」ではなく「キリスト」がわが内で「生きておられ」て栄光を挙げたもうたのだ、と、その栄光を他に、「キリスト」に帰するのであります。素晴らしいことの賛美、感謝は「わたし」ではなくて「神とキリスト」に。そしてまた、絶望的な「悪」の泥沼の責任を、「わたし」ではなくて、わたしの中に残っております「肉」「罪」、とこういうふうに言うのであります。

責任逃れではなくて、わたくしたちクリスチャンはこの二重構造の理解を正しく身に付けなければなりません。わたくしたちクリスチャンは、罪意識、罪のざんげ、これは本当に敏感でなければなりませんが、しかしだからと言って、それに自分がすっかり巻き込まれてしまって、もう「悪を行っている」のは百パーセント自分である、自分の中には善を欲する意志もなければ神の掟にかなおうとする新しい清らかな力もない、というふうに自己絶望してしまうことは許されない。それは、「神の恵みによって」生まれ変わらされた者が、「神」に対して恩知らずです。どんなにわたしが「悪を行って」おりましても、「わたし」の中にそれとは違って「神の掟に仕え」ようとする「内なる人」があるということ、〝それはわたしの本心ではないのです〟という根源的な新しい生命への信頼がなければならないと思います。

パウロのここの議論によって、「律法」がそれ自体「罪ではない」ということは確かに明らかにされ、「律法が良いものであること」が明らかにされました。しかし「律法」は、わたくしたちをこの内部の葛藤から「救う」ことについては無力であるということも、明らかになりました。「律法」は「罪」を目覚めさせることに有効であります。その「罪」がひとつの「法則」性さえ持っているということに目覚めさせるのに有効であります。しかし、その手強い、法則性さえ持っている「罪」からわたくしたちを解放する「救い」の力は、掟にはありません。

パウロは二四節で「わたしは、なんというみじめな人間なのだろう」と叫んだのでありますが、これは、決して、決して、自分の中に内部分裂があるから「みじめ」だという叫びではありません。わたしの中に、善い事をしたいという思いもあれば、しかし実際には悪い事ばかりするということを、彼は「みじめ」だと言っているのではありません。そんなことであれば、ギリシヤの文化人でもローマの文化人でも皆言ってきたのであります。パウロがここで本当に自分の「みじめ」さを告白しておりますのは、救ってくれるはずの「律法」に「救い」の力がない、ということを知ったからです。

「いのちに導くべき律法」が、「罪」を目覚めさせるのには力がある、「罪の法則」性を知らせることにも有効なのに、その力からわたしを解き放ってくれない。「律法」だけでは救われないという事実に、パウロはぶち当たっているのです。神様が人間に与えてくださいました宗教、神様が人間に〝これを行え、さらば生くべし〟と言ってくださっていたその「律法」が、救うことについては無力だとしたならば、人間はどこに希望を託せますか。「わたしは、なんとみじめな人間なのだろう」。

しかし、「感謝すべき」ことに、「わたしたちの主イエス・キリストによって、神は」その無力な「律法」とは違う〝恵みによって〟、わたくしたちを罪の力から救う実力行使の救いを与えてくださったのであります。

これが「感謝すべき」福音なのであります。

祈ります。

神様。少し良心的な人間であれば、すべての人が、聖書を知らずとも感じますような自分自身の中にあります善悪ふたつの力の葛藤を、わたくしたちは、聖書によってもっと研ぎ澄まされた良心の痛みをもって日ごとに感ずる者でございます。

それゆえに、あなたがわたくしたちのために与えてくださいました掟と神の御教えさえも、わたくしたちの罪深さをえぐり出すばかりであって、わたくしたちを決してその悪と罪の力そのものから解き放つことができなかったときに、神よ、あなたは愛と恵みをもって主イエス・キリストを世に遣わし、イエス・キリストを信ずる信仰によって、わたくしたちをこの罪の力から解き放ってくださいましたので、感謝いたします。

どうぞ、「わたしたちの主イエス・キリストによって、神は感謝すべきかな」と、わたくしたちが口をそろえて賛美をすることができますように、導いてください。

イエス様の御名を通して、お願いします。アーメン。

八章一―四節

いのちの御霊の法則

こういうわけで、今やキリスト・イエスにある者は罪に定められることがない。なぜなら、キリスト・イエスにあるいのちの御霊の法則は、罪と死との法則からあなたを解放したからである。律法が肉により無力になっているためになし得なかった事を、神はなし遂げて下さった。すなわち、御子を、罪の肉の様で罪のためにつかわし、肉において罪を罰せられたのである。これは律法の要求が、肉によらず霊によって歩くわたしたちにおいて、満たされるためである。

今日から新しくローマ人への手紙の第八章に入ってまいりますので、この機会に、この手紙の全体をもう一度眺め直していただきたいと思います。

この手紙は、大きくふたつの部分に分かれておりまして、一章から一一章までがキリスト教の教理を展開する部分であります。それに基づいて、第一二章から終わりまでに、それらの教えに基くわたくしたちの生活と実践について教えています。教理編と生活編と、この二本立てでローマ人への手紙はでき上がっています。

この教理編の内で、次の九章から一一章までは旧約聖書時代の選びの民イスラエル民族とキリスト教の福音との関わりを論ずる、一種歴史の問題を取り扱う部分であります。一般のクリスチャンに関わる救いの教理といたしましては第八章がもう終わりになるわけです。

その意味から言いまして、第八章は、パウロが展開します非常に壮大華麗なキリスト教教理の大殿堂の一番最後のデラックスな部屋だ、と言うことができます。ドイツのある方の言葉でありますが、「新約聖書を指輪にたとえるならば、ローマ人への手紙はその宝石であり、第八章はその宝石がきらっと輝くところ、スパークリング・ポイントだ」、と言ったのです。

特に今日学びます一節から四節まではまた非常に大事なところでありまして、また別の人の表現を使うならば、「これらの四つの節は、パウロの勝利の神学全体をこの中に圧縮したと言うことができる」、と言っております。ですから、今まで学んできたこと、これからもなお語られますことのすべてが、今日お読みした八章一節から四節の中にコンデンスして入れられている、と言うことができます。

「こういうわけで、今やキリスト・イエスにある者は罪に定められることがない」(一節)。こう書き出されております。

「こういうわけで、今や」というのは、どういうわけで「今」なのか。一体どこから続いてくるのか。すぐ前には「わたし自身は、心では神の律法に仕えているが、肉では罪の律法に仕えている」という内的な葛藤を叫んだばかりでありますので(七・二五ロ)、「こういうわけで……罪に定められることがない」とは、どうもすぐには続きそうにありません。

そこで、「こういうわけで、今や」というのを、生まれ変わってクリスチャンとなった「今」は、という時間的な意味に取る人が、一方にはいらっしゃいます。この人たちはだいたい、七章の後半にずっと「わたしは」「わたしは」と言ってきたのは時間的にはもっと前のこと、クリスチャンになる前の古きパウロの内面的な悩みを告白していたのである、そのときは「わたしは、なんとみじめな人間」だったのだろう、しかし「こういうわけで、今」は「罪に定められない」という比較だ、と考えるわけであります。

このような理解では、結局は七章六節から八章へとつながっているわけで、七章七節から二五節までの告白は、その間に入った割り込みのざんげ文だ、という理解になります。

しかし、それに対して、この「今や」というのは、何も時間的に過去に対して「今」という意味ではなくて、語ってきたことに基づいてその結論を下す論理的な結論を表す、以上言ってきたことに基づいて、それだから、と理解するのが正しいと、わたくしは思います。

どう考えても、このところでパウロが語ろうとしておりますことは、七章で彼が言ってきたこと全部を踏まえております。例えば、二節にまいりますと「罪と死との法則」という言葉が出てまいりますが、これは言うまでもなく七章二三節で「肢体に存在する罪の法則」、あるいは二五節では「肉では罪の律法に仕えている」と申しました言葉を受け取っているはずであります。八章一節で「キリスト・イエスにある者」と彼が言いますのも、もちろん七章二五節の「わたしたちの主イエス・キリストによって、神は感謝すべきかな」と賛美したことを受け止めております。ですから決して、七章七節から二五節は脱線した過去の思い出話なのではなくて、パウロはこれをちゃんと語ってそれに基づいて八章の素晴らしい救いを語ろうとしているのだと思います。

パウロは、今まで語ってきたすべてのこと、とりわけ三章二一節から七章の終わりまでにこまごまと論じてきましたすべての福音の教理、これを今受け止めて「こういうわけで、今」と言っているのであります。それをもっと狭く言うならば、七章二五節の叫び「わたしたちの主イエス・キリストによって、神は感謝すべきかな」、この「感謝」をもっと膨らませて丁寧に言い換えると八章のようになる。こういうふうに理解していただいてもよいのではないかと思います。

さて、「キリスト・イエスにある者は罪に定められること——定罪——がない」と言われております。

この「罪に定められること」と訳されております言葉は法廷用語でありまして、これの正反対が今まで何度も出てきた「義とする」という言葉なのです。例えば、八章の三三節、三四節を見ますと「だれが、神の選ばれた者たちを訴えるのか。神は彼らを義とされるのである。だれが、わたしたちを罪に定めるのか」と言い換えております。このように、「定罪」という言葉は、「義とする」というのが〝正しいと宣告すること、刑罰をおまえには執行しないという無罪放免の宣告〟を表したのに対して、反対に、〝おまえは有罪である、刑に処すると法廷で宣言すること〟、またそのように宣言された身分を表す言葉であります。

しかし、元はそうなのでありますが、八章一節で使われております言葉の意味から言いますと、ただ罪を宣告することだけではなくて、その宣告に基づいて刑罰が執行されていくことまで含む言葉であります。クリスチャンはそのような罪の刑罰の下に打ちひしがれることは全くない、と言っているのであります。
それは何ゆえかというのが二節以下の説明で展開されます。

「なぜなら、キリスト・イエスにあるいのちの御霊の法則は、罪と死との法則からあなたを解放したからである」(二節)。

ここで、「罪と死との法則」と言われておりますのは、先ほども見たとおり七章二三節の「罪の法則」、あるいは二五節の「罪の律法」という言葉と、同じく七章二四節の「この死のからだ」という言葉と、これを全部つなぎ合わせまして「罪と死との律法、法則」という言葉をパウロは作っているわけであります。分かりやすく言うと、確実に「罪」を犯させて、そしてついには「死」へと赴かせるような「法則」的な力、これが「罪と死との法則」とパウロが呼んでいるものであります。

パウロは、七章一九節で「わたしの欲している善はしないで、欲していない悪は、これを行っている」と申しました。いつでもいつでも、欲するところは善い事をしたいと思うのだけれども、不思議と実際は悪い事ばっかりやらされているというこの「罪」の法則的な力は必ず「死」に導いていく、という意味で「罪と死との法則」と呼んでいるのであります。

ところが、「キリスト・イエスにある者は」、それとは反対の「いのちの御霊の法則」がある、と言うのです。これも先ほどと同じ言い方でありまして、「御霊」が「いのち」へと確実にわたくしたちを導いてくれる「法則」的な力のことであります。「いのちの御霊」という表現はここにしかありません。

「聖霊」、神の「御霊」、これをパウロは他の手紙ではよく語るのですけれども、この長いローマ人への手紙では不思議なことに今までたった二度しか口にしていないのであります。一章四節でキリストは「肉によればダビデの子孫から生れ、聖なる霊によれば、死人からの復活により、御力をもって神の御子と定められた」。ここに一度出てきます。それからもうひとつは、五章五節「そして、希望は失望に終ることはない。なぜなら、わたしたちに賜わっている聖霊によって、神の愛がわたしたちの心に注がれているからである」。これだけです。ですから、事実上、今日の八章二節は初めて、聖霊がわたくしたちに何をしてくださるかということを語り出す最初の個所であります。

その御霊の働きは、ひとつには「法則」と言いたいぐらいに確実に目標を達成する仕事をしてくださる。第二に、その達成する目標は「いのち」である。このことが教えられております。一方に、わたくしたちの肉には「罪と死との法則」があります。これは確実に「悪」を行わせて「死」へと赴きます。わたくしたちを「とりこ」にし奴隷にいたします（七・二三）。他方、「キリスト・イエスにある」わたくしたちには「御霊の法則」があって、これはわたくしたちを確実に「罪と死との法則から」解放して「いのち」へと連れて行ってくれます（八・二）。こういう比較であります。

なぜ、「キリスト・イエスにある」人間にはそのような全く別の法則があると保証できるかと言いますと、それをパウロは三節と四節でさらに「なぜなら」と語り継いで保証するわけです。一方では、三節に書かれるように、既にイエス・キリストによって神は「罪を罰せられたのである」。もうひとつには、四節に書かれておりますように、神が罪を滅ぼしたのは「律法の要求」が「わたしたちにおいて、満たされるため」、そういう目標なのだ。だから、確実にわたくしは律法が要求する正しいことを行って、いのちへと行くんだ。こういう説明であります。既に神様がしてくださった神の御業と、そのときに神様が持っておられた目標意識、このふたつから、わたくしたちは確実にいのちへと導かれていく。こういうところにパウロは、御霊の働きの法則性を見出そうとしているわけなのです。

太陽が西の空に沈む、なぜか。それは、明日また朝日となって東から昇るためであります。それと同じ確実性を持って、法則的に、御霊はわたくしたちを罪から解き放たれます。何ゆえか。それは確実にわたくしが律法の要求を果たしていのちへと行くためなのであります。だから、その途中の今、心では神の律法を欲するのだが肉ではやむを得ず罪の律法に仕えている、という内的な葛藤と矛盾にわたくしたちはさいなまれるのでありますが、決してその事実に慌てふためくことはない。既に神がわたくしたちの中で罪の力を撃ち滅ぼされたのは、わたくしたちが律法の言うとおりにいのちと正しい生活に行くためなのですから、わたくしたちの内にある「キリスト・イエスにあるいのちの御霊の法則」性を信じて、七章二五節にパウロが既に叫びましたように「わたしたちの主イエス・キリストによって、神は感謝すべきかな」と今、感謝しなければならない。これが、今日のところのあらすじであります。

三節、「なぜなら、律法が肉により無力になっているためになし得なかった事を、神はなし遂げて下さったからである」。

ちょっと、ここを読み間違えないでいただきたいと思います。わたくしたちが肉によって無力になっているために、わたくしたちが律法をなし得ないでいた事を、という文章ではありません。わたくしたちが律法をなし得ない、と言っているのではなくて、「律法がなし得なかった事を」神がなしたもうたのです。

では、「律法が」肉の無力さのために「なし得なかった事」とは何か。それは、代わって「神」がなしたもうたことであります。すなわち、「罪を罰せられた」、このことであります。

ここで「罪を罰せられた」と訳されております言葉も、先ほどの「罪に定められる」という言葉と非常によく似た言葉で法廷用語でありますが、しかしここでも、単に罰を宣言することではなくて、罰を言い渡して実際にその罰を執行していく、罪の力と罪の存在を滅ぼし、消し去っていくことであります（Ⅱペテ二・六「処する」）。これが「律法」にはできなかったのです。

「律法」は、わたくしたちに〝ああせよ、こうせよ、そんなことはしちゃいかん〟と命じ禁ずることはできます。ところが、わたくしたちは「肉のために弱くなって」いますから、それが守れないで、いくらでも違反をし、そうすると律法はまた宣告いたしまして〝おまえはここで有罪である、おまえはあのときも罪を犯した〟と宣告することはできます。しかし、律法はそこまでしかできません。われわれに命ずることと、われわれがそれを守れないときにその罪の宣言をすることまではできますけれども、わたくしたちが破らざるを得なくなるその悪い力、罪の力を、〝じゃあ消してやろう、潰してやろう〟ということまでは律法はやってくれない。そこまでは、掟は「なし得ない」。それを、「神はなし遂げて下さった」、こう言っているのであります。

どのようにしてか。「御子を、罪の肉の様で罪のためにつかわし、肉において罪を罰せられた――滅ぼされた――のである」（三節ロ）。

「御子を」と訳されております言葉は、非常に強い言葉で「彼ご自身の子を」という言い方であります。ヨハネ福音書に「ひとり子なる神」(一・一八)という表現が出てくるのとほぼ同じぐらいの意味だと思うのですね。神ご自身の御子、つまり、かけがえのない、もうご自分自身と言ってもいいお方を、神様はこのことのために「つかわされた」。

「罪のために」と訳されております言葉は、旧約聖書ギリシヤ語訳では「愆祭《けんさい》」とか「罪祭《ざいさい》」と呼ばれますいけにえを表すのに用いられます(レビ五・一一、六・二五、民八・八)。「愆祭」とか「罪祭」というのは、わたくしたちが人に迷惑をかけるような罪を犯し、それを償おうとするときにささげる供え物であります。人から借金をしておいて踏み倒して返さないとか、人の物を盗んでいたとか、こういう罪を〝すみません〟と言って返して、さらに詫び料を添えて罪のゆるしを乞うときに、神様にささげるいけにえを「罪祭」「愆祭」と申しました。神様は、そのようなはっきりとした罪の償いをする犠牲として、神ご自身のかけがえのない御子を犠牲になさったのであります(イザ五三・一〇)。

そのために、神は彼を「罪の肉の様で」世に送られました。これはここにしか出てこない珍しい表現です。「罪の肉に似せて」。神ご自身の御子すなわち神様が、われわれ人間と寸分変わりのない人となりたまいました。

パウロは、既に七章一七節で「この事をしているのは、もはやわたしではなく、わたしの内に宿っている罪である。わたしの内に、すなわち、わたしの肉の内には、善なるものが宿っていないことを、わたしは知っている」(一七―一八節)と申しまして、罪が宿り罪が牛耳っているのは「肉」である、という悩みを打ち明けたのであります。ですから、その悩みからわたくしたちを救うためにキリストが人間性を取りたもうたのは、わたくしたちが悩んでおりますその同じ「罪の肉」という意味で人間性をお取りになったのです。

もちろん、イエス・キリストがお取りになりました人間性は、わたくしたちのように生まれながら罪の腐敗を持った、遺伝の汚れを背負っておりますつぶれた人間性ではありません。ですから、「罪の肉の様」――「様」というのは「似たもの、類似物」という言葉でありまして（一・二三）――、わたくしたちのように生まれたときから腐っているのと全く同じというのではない、それと似た「罪の肉の様で」、キリストは人間性をお取りになってこの世に遣わされて来ました。

何ゆえか。それは「肉において罪を罰する」ためであります。わたくしたちすべての人間が、わが肉の内には善が宿っていない、わが肉の内には悪ばかりがあると悩んでおりますその罪と悪の根源を、その「肉において」、罪と悪が宿っているその場所を戦場として処分してしまうために、イエス・キリストは「罪の肉の様」を取ってこられたのであります。このことによってわたくしたちは、〝わたくしは人間ですからどっちみち悪を行わざるを得ないのだ〟とか、〝わたくしは肉につける者だから結局は罪から逃げられないのだ〟というふうに、肉そのもの、人間性そのものを諦めることがないように、イエス・キリストは肉において罪を処理し、正しくありたもうたことが明らかにされる必要があったわけであります。

ヘブル人への手紙の二章一四節以下「このように、子たちは血と肉とに共にあずかっているので、イエスもまた同様に、それらをそなえておられる。それは、死の力を持つ者、すなわち悪魔を、ご自分の死によって滅ぼし、死の恐怖のために一生涯、奴隷となっていた者たちを、解き放つためである」（一四―一五節）。一七節「そこで、イエスは、神のみまえにあわれみ深い忠実な大祭司となって、民の罪をあがなうために、あらゆる点において兄弟たちと同じようにならねばならなかった。主ご自身、試錬を受けて苦しまれたからこそ、試錬の中にある者たちを助けることができるのである」（一七―一八節）。

同じくヘブル人への手紙の四章一五節「この大祭司は、わたしたちの弱さを思いやることのできないようなかたではない。罪は犯されなかったが、すべてのことについて、わたしたちと同じように試錬に会われたのである。だから、わたしたちは、あわれみを受け、また恵みにあずかって時機を得た助けを受けるために、はばかることなく恵みの御座に近づこうではないか」（一五―一六節）。

何のために神様がそのようにしてくださったかというと、四節「これは律法の要求が、肉によらず霊によって歩くわたしたちにおいて、満たされるためである」。

ここで律法の「要求」と訳されております言葉は、今までいろいろな翻訳で訳されてきた難しい言葉でございます。一章三二節では「神の定め」、「定め」と訳されております。二章二六節では――これが今日のところに一番近いと言われますが――「律法の規定」、「規定」と訳されております。それから、五章一六節では「義とする結果になる」と、「義とする」と動詞で訳されております。同じ五章一八節では「義なる行為」と訳されております。出てくるたびごとに翻訳が違うということは、このギリシヤ語がどんなに日本語でぴたっと表しにくいかということをよく示しています。語源は「正義」「正しい」という意味から来ておりまして、結局言いたいことは「掟が要求している正しい事」

「掟の正しい要求事項」という意味だと思います。それで二章二六節では、掟の「規定」と訳されています。そこでは複数形で「もろもろの規定」と書いてあったのですが、今日の四節では単数形で定冠詞が付きまして「あの、ひとつの中心的な要求事項」と訳せます。掟がいろいろなことを命じたり戒めたりしているにしても、結局あのひとつのことを要求している。それは何か。結局、「正義」であります。「義」である、と言い換えてよろしいのではないかと思いますね。

神様がご自身の御子を罪の肉の様でこの世に遣わして、罪を肉において処罰されました目的は、律法が要求しておりますその究極的な願いである「義」というものがわたくしたちの中で実現していくためである。ここで「満たされる」と直訳されているのは、たびたび「成就する」と訳されている言葉で（マタ一・二二など）、一三章八節では「律法を全うする」と訳されています。

ここに、パウロにおいて、イエス・キリストによる救いの恵みと律法とがどんなに密接に関係付けられているか、ということが初めてよく出てまいります。アウグスティヌスが言いましたように、「恵みが与えられるのは、律法が満たされるためであった」（『霊と文字について』三四）。決して、恵みによって救われるのだから律法などはどうでもいいとか、「律法は罪なのか」（七・七）というようなとんでもないことをパウロは言いたいのではなくて、むしろ、恵みが与えられて救われるのは掟が実質上「満たされるため」なのです。パウロの考えております清さとかパウロが語ろうとしております救いがどんなに律法の実現と同じであるか、ということがよく分かります。

彼は、信仰によって義とされるという信仰義認を高らかに叫びまして、三章三一節で「すると、信仰のゆえに、わたしたちは律法を無効にするのであるか。断じてそうではない。かえって、それによって律法を確立するのである」と叫びました。これが今日のところで出ております答えです。七章七節でパウロが心配いたしました異端、「それでは、わたしたちは、なんと言おうか。律法は罪なのか。断じてそうではない」と彼が否定したその最後の回答が、今日の八章四節によく出てくるわけであります。

しかし、あくまでもここでパウロが言っております「律法の要求が満たされる」というのは、わたくしたちが「満たす」ことではないのです。わたくしたちが、救われたのだからそのご恩返しにでも守らなきゃ、と言って、わたくしたちが努力して掟の要求事項を守って正しくなっていく、という思想ではないのです。そうではなくて、「肉によらず、霊によって歩く——御霊によって歩いております——わたしたちにおいて、——律法の要求事項が——満たされ」ていく。誰によってか。「いのちの御霊の法則」によって確実に、御霊によって「満たされ」ていく、のであります。なぜなら、七章一四節でパウロが既に言ったように、だいたい「律法は霊的なもの」、御霊によって与えられたものだ、だから、わたくしたちの中で「御霊」が法則的にわたくしをきよく正しく「いのち」へ導いていらっしゃる御業は、当然いつのまにか律法を実質上満たすことになるわけです。

このようにして、旧約聖書エレミヤ書三一章三三節以下に、〝新しい契約を結ぶ日には、わたしはあなたがたの心にわたしの掟を刻みつける〟、あるいはエゼキエル書三六章二六節以下で、〝あなたがたの石のようにかたくなな心を取り去って、肉のようにやわらかな新しい霊を与える〟と保証されていた新しき契約の約束が、文字どおり実現するわけであります。

実は、パウロが七章の一四節から二五節までに呻きまして、自分の中で心は善を欲しながら肉は悪事ばかりを働く、と申しました「霊」と「肉」の対立矛盾の悩みは、この手紙の少し前に彼がガラテヤ教会に送りました手紙の中で既に記したことなのです。ガラテヤ人への手紙の五章一七節「なぜなら、肉の欲するところは御霊に反し、また御霊の欲するところは肉に反するからである。こうして、二つのものは互いに相さからい、その結果、あなたがたは自分でしようと思うことを、することができないようになる」。同じことを、見事にここで彼は語っていました。そして今日わたくしたちが八章一節から四節のところで学びましたことを、ガラテヤ人への手紙ではそのすぐ前、五章一六節に勧めたわけです。「わたしは命じる、御霊によって歩きなさい。そうすれば、決して肉の欲を満たすことはない」。こう、彼は勧めたのでした。肉の欲することと御霊の欲することとは、百八十度反対です。だから、この御霊と肉とが対等であれば、確かにわたくしたちは身を引き裂かれるようなもので、何もできない。だから、せめて〝御霊に従って歩きなさい。こちらに体を預けなさい。そうしたら、ちゃんといくんだ〟、とガラテヤ教会に彼は教えたのであります。今日のところでも同じように、「肉によらず霊によって歩くわたくしたち」の中で、御霊が律法の要求する義をちゃんと満たしていってくださる。

問題は、わたくしたちが「肉」によって歩くか、それとも「御霊」によって歩こうとするか、これだけです。パウロが七章で明らかにしたように、わたしは心では善をしたい。心では神の律法に仕えている。しかし現実には、肉の力があってわたしの欲する善ができずに、欲していない悪ばかりに走る、そういう法則性があるように見える。しかし、その事実に絶望してはいけない。実は、わたしたちの中にある御霊の御業はもっとはっきりした法則性を持っていて、確実に掟の要求を満たして、いのちへと連れて行く。

それを邪魔立てする罪と悪の力は、既にイエス・キリストの十字架において原理上、壊滅したのです。後は、ミミズが断ち切られてもピクピク動いておりますように、まだ敵の残党はちょっとはゲリラ戦をいたしますけれども、致命的な意味で罪と悪の力を神は「罰し」たもうた。だから、ふたつの「法則」と言うのだけれども、結局は「御霊の法則」が勝つのです。わたくしたちが迷わないで、肉に従うことを止めて御霊に従って歩こう、少なくとも心では神の律法に仕えよう、少なくとも心では善を願っていこう、というふうに、自分の人格の中心をちょっとでも「御霊」の方に寄せていさえすれば、「律法の要求」は「わたしたちにおいて」、わたくしたちの中で「満たされる」のだと、パウロは保証するのであります。

ですから、確かにまだ今のわたくしたちは、七章で描かれたとおり、何か五分五分のふたつの力に引き裂かれるような内面の葛藤と矛盾に悩みます。けれども、今日教えられましたように、「キリスト・イエスにある者」は決して罪の力の奴隷なのではない。既に神は御子を遣わして、この罪の力を「罰し」たもうた。そしてその目的は、神様は初めっから、掟をわたくしたちを舞台にして実現させるためにという目的を持ってそれをなさったのです。わたくしたちの中にある御霊は確実に、われわれをいのちと義と聖へと連れて行ってくださる。ですから、後は、わたくしたちはこのわたくしを舞台にして進められる御霊の着実な御業を賛美するだけであります。「わたしたちの主イエス・キリストによって、神は感謝すべきかな」（七・二五）。

どうぞ、わたくしたちの努力、わたくしたちの生活改善ということに目を向けるのではなく、手の付けようがないわたくしという人間を舞台にして、神様が、キリストが、御霊が何をなさるか――今まで既にどういうことをしてくださったのか、また、これから先わたくしをどういうふうにしていってくださるのか、それを、賛美と感謝をもって見つめていきたいと願うのであります。

そして、ひとつでもその聖化の御業をわたくしたちが発見したとき、〝イエス様、あなたはわたくしみたいなこんな具合の悪い人間の中で、よくもまあそういうことがおできになりますねえ〟と言って、主イエス・キリストをほめたたえて生きていきたいと願うのであります。

祈ります。

神様。みそなわしたもうごとく、わたくしたちは実にみじめな人間であり、肉に宿る罪と悪の力の中から自らの手では決して抜け出ることができない罪人でございますのに、あなたは御自らの御子を罪の肉の様でわたくしたちのために送り、わたくしたちと同じ弱い肉において、しかし、罪の力を罰してくださいましたことを、感謝いたします。

それればかりかあなたは、いのちの御霊をわたくしたちの心の内に与えてくださいましたので、この御霊がわたくしたちを変え、神の掟の望んでいる清さと正しさとを着実に実現していく舞台として今わたくしたちを用いていてくださいますことを、感謝いたします。

どうぞ、わたくしたちが、この神の御業の器として選ばれておりますす自分自身のからだと心と人生とを、本当に大事にすることができますように。そうして、自分の中で行われております神様の清めの御業を、本当に驚きと期待と喜びをもって見届けていくことができますように、させてください。

キリスト・イエスにある者として、そのいのちにつながれて生かされております者として、感謝と賛美の日々を送らせてください。

イエス・キリストの御名を通して、乞い願い奉ります。アーメン。

八章五―一一節

内に宿っている神の御霊

なぜなら、肉に従う者は肉のことを思い、霊に従う者は霊のことを思うからである。肉の思いは死であるが、霊の思いは、いのちと平安とである。なぜなら、肉の思いは神に敵するからである。すなわち、それは神の律法に従わず、否、従い得ないのである。また、肉にある者は、神を喜ばせることができない。しかし、神の御霊があなたがたの内に宿っているなら、あなたがたは肉におるのではなく、霊におるのである。もし、キリストの霊を持たない人がいるなら、その人はキリストのものではない。もし、キリストがあなたがたの内におられるなら、からだは罪のゆえに死んでいても、霊は義のゆえに生きているのである。もし、イエスを死人の中からよみがえらせたかたの御霊が、あなたがたの内に宿っているなら、キリスト・イエスを死人の中からよみがえらせたかたは、あなたがたの内に宿っている御霊によって、あなたがたの死ぬべきからだをも、生かしてくださるであろう。

四節に「肉によらず霊によって歩くわたしたち」という、「肉」でなくて「霊によって歩く」というコントラストがございますが、この八章は、一読しただけでお分かりのように、「肉」か「霊」かという対比がずっと繰り返して出てくるところでございます。今日は、この点から学びをしていきたいと思っております。

さて「肉」という言葉ですが、これは非常にいろいろな意味で使われておりますために、大変翻訳が難しい言葉ではないかと思います。

ガラテヤ人への手紙の二章二〇節、二一節に、大変有名なパウロの言葉で「生きているのは、もはや、わたしではない。キリストが、わたしのうちに生きておられるのである。しかし、わたしがいま肉にあって生きているのは、わたしを愛し、わたしのためにご自身をささげられた神の御子を信じる信仰によって、生きているのである」、このように語っているのですね。このときの「わたしがいま肉にあって生きているのは」と言います場合には、もうごく単純に、肉体を持った現世でなお生きているのは、という意味に違いありません。ですから、全く同じ言葉を使いまして、例えば、ピリピ人への手紙の一章二二節あたりは、もうはっきりと、「肉体において生きている」のが得か、「この世を去って」キリストのもとに行くべきか、このふたつの間でわたしは板ばさみになっている。しかし、「肉体にとどまっていること」があなたがたのためになるのなら、もうちょっと長生きをしましょう、こうパウロは言っているのです（二二―二五節）。ここでは「肉体において生きる」とか「肉体にとどまる」とはっきり訳されておりますように、現世の肉の体を持った今の生活、という意味であります。「肉にある」という言葉が、どうもそれだけでは片付かない場合が出てまいります。例えばローマ人への手紙の七章五節であります。「というのは、わたしたちが肉にあった時には、律法による罪の欲情が、……わたしたちの肢体のうちに働いていた」。この場合の「肉にあった」というあり方は、過去のことであります。今まだ肉体を持って現世で生きておりますパウロが、振り返って昔の思い出として語る古い自分の暗い生活を言っているわけです。

このような場合の「肉」というのは、宗教的な罪深さの原理と言ったらよいようなものであります。七章一八節で「わたしの肉の内には、善なるものが宿っていない」。七章二五節の終わりでは「肉では罪の律法に仕えている」と申します。今日の八章六節では「肉の思いは死である」。七節「肉の思いは神に敵する」。八節「肉にある者は、神を喜ばせることができない」。このように、結局「肉」と申しますときには、「罪」「悪」「死」こういう原理であります。今日のところは、むしろそういう意味で「肉」が使われています。

それで、「霊」と「肉」と言いますとき、霊魂と肉体という比較ではないのですね。人間の中に何かふたつのすっかり違った要素があって、ひとつは善いこと、ひとつは悪いこと、その善いことが例えば精神、霊魂であり、悪いことが肉体であるとか、そうでなくても人間の精神の中にも善玉と悪玉がある、あるいは人間の精神的な生活の中でも理性はよいのだけれども感情と意志が醜くて罪深い。いずれにしても人間自体の中に善悪ふたつの部分なり要素がある。こういう二元論的な考え方を採りますと、今日のパウロの議論はすっかり分からなくなると思います。

ここでパウロが言っておりますことは、「肉」とは要するに「神に敵する」罪深い悪しき原理であり、それに対立する「霊」というのは、これは日本語の翻訳が悪いので、むしろ「御霊」と訳さなければならない、英語であればSを大文字で書くスピリット、「神の霊」のことであります。例えば二節に「キリスト・イエスにあるいのちの御霊の法則」が「罪と死との法則」とコントラストされていますね。このコントラストが六節にまいりまして、「霊の思いは、いのちと平安とである」つまり「御霊の思いは、いのちと平安とである」、それに対して「肉の思いは死である」というあの「罪と死との法則」のことが出てくるわけであります。二節で「御霊」と言われましたものが、今日学ぶ五節以下でもずっと、「霊」「御霊」として出てきているわけであります。

旧約聖書の時代を振り返っていただきますと、例えば、ノアの洪水で神様が全人類を一掃される前に、人間どもがいろいろ好き勝手な結婚をして、もう全地にあまねく悪がはびこってしまいましたときに、神様は「わたしの霊はながく人の中にとどまらない。彼は肉にすぎないのだ」、あと「百二十年」の猶予期間だとおっしゃって、百二十年後に洪水をもって全人類を滅ぼされたのですね（創六・三）。こうおっしゃいましたように、神の「霊」と全く対照的なのが「肉」なる人間でありました。ですからイザヤ書の三一章三節は大変有名な一節でありますが、「かのエジプトびとは人であって、神ではない。その馬は肉であって、霊ではない」という比較をしています。つまり、こういう場合の「肉」というのは、神様という絶対的な創造者に対して脆くはかなく弱い、したがって罪に陥りやすい者、これがすべて「肉」と呼ばれます。人間の体も精神も全部ひっくるめて「肉」であります。

これを克服してわたくしたちを救ってくれるものがあるとすれば、それは「神」の力、「神の霊」である、と旧約聖書は教えてきました。

モーセの時代に、レビ族の中のコラの子たちが反逆いたしまして神様が〝彼らを滅ぼすから、おまえたちは天幕から遠のけ〟と事前におっしゃいましたときに、モーセは祈りまして「神よ、すべての肉なる者の命の神よ、このひとりの人が、罪を犯したからといって、あなたは全会衆に対して怒られるのですか」、ととりなしたのであります（民一六・二二）。「すべての肉なる者の命であられる神」。わたくしたち人間は押しなべて、すべて「肉」であり弱く脆くはかない者でありまして、これを生かしめるのはただ「神」、神の霊だけです。

そこで旧約聖書の預言者たちは、この「肉にすぎない」人類が救われるメシヤの日は神が「わが霊を注ぐ」と約束してくださる時代だ、と預言していたのであります。イザヤもエゼキエルもヨエルも終わりの日をそのように預言していました。「その後わたしはわが霊を、すべての肉なる者に注ぐ」。「その日わたしはまた、わが霊をしもべ、はしためにも注ぐ」（イザ三二・一五、四四・三、エゼ三六・二七、三九・二九、ヨエ二・二八、二九）。つまり、旧約聖書の理解によりますと、今すべての人類は肉体も精神も全部ひっくるめて「肉」の時代にあります。しかし、この「肉」の時代の後、終わりの日が来ますと、神様が御霊を注いで「霊」の時代になるのです。「御霊」の時代が来る。

わたくしたちは、先週ペンテコステの聖霊降臨記念の礼拝を守ったのであります。今は「肉」の時、しかし、やがて終わりの時に「御霊」の時代に移ると期待しておりました御霊の注がれる日、これがペンテコステの日に実現した、とキリスト教会は悟りました。そこで、キリスト教の時代になりますと、今は「肉」、その次、後の時代が「御霊」の時代という分け方ではなくて、「肉」の時代でありながら今はもう終わりの時、「霊」の時代が同時にあるという、霊の世界と肉の世界とが同時進行的に続いている、という体験をしたわけです。

パウロが「肉」と呼びましたのは、何よりもこの神様が人類を救ってくださる救済の歴史の古い時代、古い世界の原理、これを「肉」と呼んでいるわけです。それに対して旧約の預言者が預言をしたあの終わりの時、神の救済の歴史における終末的な世界、これを「霊」「御霊」の世界と言ったわけで、パウロは、主イエス・キリストが来たりたもうてからの今の時には、この肉の世界と御霊の世界とが同時にふたつある、と言っているわけであります。キリストを信じて、この目に見えざる終末の世界が来たことを悟っておりますす者は、肉体を持ちつつも「霊の内にある、御霊の中に生きる」という生き方ができます。しかし、イエス・キリストを信じない、したがってペンテコステ以来聖霊が来ていることも見抜けないこの世の人は、ただただ昔どおり肉の世界の中に生き続ける、こういうことが起こってきたのです。

パウロは今ここで、わたくしたちはその古くからあった「肉」の内にあり続けますか、それとも今主イエス・キリストにおいて始まりました終末的な世界、「御霊」の中に生きますか、このふたつのあり方を問うているわけであります。現実のわたくしたちは、どうしてもこのふたつの違う原理と世界の中で引き裂かれるような生き方をいたしますので、それで、一見したところ何かわたくしの中に善玉と悪玉という分裂したふたつの要素があるかのような文章が出てきているわけですが、決してパウロは、人間の中に肉体と霊魂とか、あるいは精神の中で理性と感情とか、そういう二元論を語っているのではないのです。むしろ、わたくしを取り巻くもっと大きな世界と時代に「肉」と「御霊」が来たために、わたしがその中で引き裂かれるようになってきているのであります。

ですから注意してお読みいただきますと、この「肉にある」生活にもいろいろな順序があります。最も基本的なことは、八節に「肉にある者——肉の中に存在している者——」という言葉であります。

こういう人は、その次に五節「肉に従う者」、正しく訳すと「肉によって存在している者」となっています。

同じく五節「肉のことを思う」。この「肉のことを思う」というのは、「肉に関心が集中する」あるいは「その人の決定的な関心が肉に置かれている」という言葉であります。この「思う」と訳されております言葉は、後ほど一四章六節で「日を重んずる者は、主のために重んじる」と訳されている「重んじる」という言葉なのです。いろいろなことを「思う」のですが、しかしその中で「特に重要だと思う」、それがここで肉のことを「思う」「重んずる」と訳されております。

あるいは別の例で言いますと、ピリポ・カイザリヤでペテロがイエス様に「あなたこそ、生ける神の子キリストです」と立派な信仰告白をすると、イエス様が、そのキリストはこれから人の手に渡されて十字架で死ぬんだとおっしゃいます。ペテロはびっくりしまして、イエス様の袖を引っ張りながら〝とんでもありません。そんなことがあってはなりません〟と引き止めましたとき、イエスは「サタンよ、引きさがれ。……あなたは神のことを思わないで、人のことを思っている」とおっしゃいました言葉、これが同じ言葉です（マタ一六・二三）。ペテロは何もノン・クリスチャンになったわけではないのです。もちろんペテロは信じています、神のことを。だから、「思って」はいるんです。しかし、人のこともあれば自分のこともあればいろいろある中で何を最も「重んずる」かというと、あなたは神よりも「人のことを重んじている」というのです。パウロが今、「肉によって存在している者は肉のことを思う」と言っておりますのも同じことです。それは、ときには善いことも思いますよ、霊的なこと、信仰的なことも考えるでしょうが、しかし「重んじ」て考えることはやっぱり肉的だ、古い肉的な生き方がその人の思想と行動とを決定してしまう。

したがってこの人は、四節にありましたとおり「肉によって歩く」という実際行動に走ってしまうわけであります。

反対に、今度は一節「今やキリスト・イエスにある者――キリストの中に存在している者――」、この人は九節によれば「霊における――御霊の中に存在している――」。

そして、五節「霊に従う者」、つまり「御霊によって存在する者」となります。

この人は五節にありますとおり「霊のことを思う」、つまり「御霊に自分の思想の中心点を置く」。したがってこの人は、四節で言われておりますとおり「御霊によって歩く」という実際生活が出てくる。こういう順番でございます。

パウロの考えておりますこの順序は、同じことを扱って書いてありますガラテヤ人への手紙の五章一六節以下で、鮮やかに出ていたと思います。「わたしは命じる。御霊によって歩きなさい。そうすれば、決して肉の欲を満たすことはない。なぜなら、肉の欲するところは御霊に反し、また御霊の欲するところは肉に反するからである。こうして、ふたつのものは互に相さからい、その結果、あなたがたは自分でしようと思うことを、することができないようになる。もしあなたがたが御霊に導かれるなら、律法の下にはいない。肉の働きは明白である。すなわち、不品行、汚れ、好色、偶像礼拝、まじない、敵意、争い、そねみ、怒り、党派心、分裂、分派、ねたみ、泥酔、宴楽、および、そのたぐいである。わたしは以前も言ったように、今も前もって言っておく。このようなことを行う者は、神の国をつぐことがない。しかし、御霊の実は、愛、喜び、平和、寛容、慈愛、善意、忠実、柔和、自制であって、これらを否定する律法はない。キリスト・イエスに属する者は、自分の肉を、その情と欲と共に十字架につけてしまったのである。

もしわたしたちが御霊によって生きるのなら、また御霊によって進もうではないか」(一六―二五節)。

ここでも、例えば一八節で「御霊に導かれる」という存在の仕方が、まずありますね。ここでは、もう全く受身です。そうすると、この人は二五節で「御霊によって生きる」ようになりまして、そうすると「御霊によって進もうではないか」、一六節に戻りまして「御霊によって歩きなさい」という生活改善の決意へと促されたのです。

つまり、まず初めにわたくしたちが「御霊の中に存在する」あるいは「イエス・キリストの中にある」。そういう「中」に置かれますと、だんだんと「御霊によって存在する」ようになり、さらに「御霊に思いが集中して」きて、したがってわたくしの「歩み」が「御霊に」決められるようになる。こういう順序であります。

今は終わりの時、今は御霊の世になりました。もしわたくしたちがその御霊の世に身を置くならば、「御霊の中にある」ならば、わたくしたちは「御霊に従う」ようになり、「御霊に思いが集中する」ようになり、また「御霊によって」生活が清められるようになる、のであります。そうしてわたくしたちが、では肉の世界と今既に訪れております御霊の世界と、このどちらの世界に属するか、どうしたらわたくしたちは御霊の時代の中に入るのかと言いますと、九節にパウロが「神の御霊があなたがたの内に宿っているなら、あなたがたは肉におるのではなく、御霊の中におるのである」と言うように、御霊がわたくしたちの心の中にも宿って来てくださいますので、今訪れておりますす御霊の世界がわたくしのものになる、こういうつながり方をするのであります。

神様がイエス・キリストにおいてわたくしたちの罪と死とを滅ぼしたもうたとき、神様があの終末の世界、御霊の世を来たらせたまいました。そしてまた、神様の御霊が御霊の世界の原理をわたくしのものとするべく、わたくしの心に宿ってくださる。そこでわたくしたちは、二節でパウロが言います「いのちの御霊の法則」の中に生きる者とされました。「御霊の中に」あるならば、「御霊によって」生きるようになり、そうすれば「御霊に思いが集中する」ようになり、そうすれば「御霊によって歩み」を変えていくようになるという確実な「法則」の中に、わたくしたちは置かれたのであります。

さて、そのような御霊の法則的な確かさは、遂にはわたくしたちが死んで朽ち果てますときの「からだ」までもよみがえらせるというゴールに辿り着くことによって、一番鮮やかに立証されます。そしてそのときこそ、七章二四節でパウロが叫びました嘆き、「だれが、この死のからだから、わたしを救ってくれるだろうか」というらめきが根本的な解決を得るわけであります。ですからパウロは、特別に、この復活を一〇節、一一節で語っています。

「もし、キリストがあなたがたの内におられるなら、からだは罪のゆえに死んでいても、霊は義のゆえに生きているのである。もし、イエスを死人の中からよみがえらせたかたの御霊が、あなたがたの内に宿っているなら、キリスト・イエスを死人の中からよみがえらせたかたは、あなたがたの内に宿っている御霊によって、あなたがたの死ぬべきからだをも、生かしてくださるであろう」。

大変面白い言い方です。九節で「御霊があなたがたの内に宿っているなら、あなたがたは……御霊の中におるのである」というふうに、どちらが中か外か分からないような表現が出てきます。同じように、一節では「今やキリスト・イエスにある者」と言われながら、一〇節では「キリストがあなたがたの内におられる」と言い換えられております。これは、全く同じことですね。わたくしが御霊にあるのか、御霊がわたくしの内におられるのか。わたくしがキリストにあるのか、キリストがわが内にありたもうのか。こういう場合の「わたくしたちの内に宿っておられるキリスト、内住のキリスト」とは、すなわち「キリストの御霊、聖霊」のことでございます。九節が「キリストの霊」と呼んでいるとおりであります。

この「内住のキリスト、聖霊」のわたくしたちの内に住む恵みが与えられ、霊の世にわたくしたちが生かされるに至りましたのは、一〇節によりますと「もし、キリストがあなたがたの内におられるなら、からだは罪のゆえに死んでいても、霊は義のゆえに生きているのである」。

どうしてもこの一〇節を「からだ」と「霊」、からだは死ぬが霊魂は不滅というふうに、間違って読む翻訳が多いと思うのです。ここは「御霊は義のゆえにいのちであられる」という文章であります。

いろいろ調べまして一番素晴らしい翻訳は、最近アメリカ聖書協会が出しました『トゥデイス・イングリッシュ・ヴァージョン』あるいは『グッド・ニューズ・バイブル』という非常に分かりやすい翻訳であります。この翻訳は、「霊」を大文字で書きまして、「ザ・スピリット・イズ・ライフ・フォー・ユウ」、「あなたがたのための」という言葉をわざわざ補いまして非常にはっきりとここの意味を正しく訳しております。言いたいことは、「御霊は義のゆえに」――イエス・キリストが罪を滅ぼして、わたしたちの義を獲得してくださいましたがゆえに、わたくしどもがそのイエス・キリストを信じて義とされましたがゆえに――御霊は「いのちでありたもう」、つまり、わたくしどもに「いのち」を授けてくださる、という意味であります。

かつてイエス・キリストは、ベタニヤのマルタの兄弟ラザロが死にましたときに、〝泣くことはない〟、「わたしがよみがえりであり、命である」とおっしゃいました（ヨハ一一・二五）。あの場合の「わたしは命である」というのは、何もイエス本人が「命」を持っているということではないですね。むしろ「わたしが命を与える、生かしめる源である」というのです。このイエス・キリストの御霊であられる聖霊もまた「いのちである」ということは、「聖霊がわれわれにいのちを与えて下さる」という意味であります。わたくしのからだは、必ず死にます、滅びます。しかし、幸いなるかな、「御霊は義のゆえに」わたくしたちに「いのちを与えて下さる源」でいらっしゃいます。

ですから、この「御霊」がわたくしたちの「内に宿っているなら」（九、一一節）、からだが死にましても、神様はこの御霊を用いてわたくしたちの死んだ「からだをも、生かしてくださる」（一一節）、とパウロは言うのであります。

イエス様は復活なさいましたが、ロマ書は面白いことに、イエス・キリストが自分で「よみがえった」（マコ八・三一、Ⅰテサ四・一四など）、という言い方をしませんで、いつでも受身で「よみがえらされた」と、父なる神様によってイエスの復活が起こったと記してまいりました。ですから同じように、その父なる神様がイエス・キリストをかつて「よみがえらせた」(一一節)その同じ力をわたくしたちクリスチャンにも働かせて、わたくしたちの死体をよみがえらせてくださる。なぜならば、わたくしたちの内に、あの「いのち」でありたもう「御霊」が「宿って」いますから、その「御霊によって……生かしてくださる」、というのであります。

実際に復活が行われますときには、死体であるはずであります。パウロはわざわざ一一節で「あなたがたの死ぬべきからだ」というふうに、「これから死ぬであろうからだ」という言い方をしております。そのときに死んでおります「からだ」を生かしてくださるというのじゃなくて、むしろ生きております今の時点に話を持ち帰ってまいりまして、今は生きているがやがて「死ぬべきからだ」をよみがえらせてくださる。

これはもちろん、終わりの日に復活の恵みを与えられます復活のからだが、現実の今わたくしたちが持っております肉体と連続しているという素晴らしい連続性を、これで暗示したいわけなのですね。と同時に、また逆に言いますと、この「死ぬべき」肉体を宿として「生きて」おります今、わたくしたちにもう「いのちの御霊」が「宿っている」ということは、言い換えれば、何も遠い遠い先のこの世の終わりを待つまでもなく、もう今この場で復活の原理をわたくしたちは握っているのだ、ということを教えてくれる保証でもあります。

「御霊」はその意味で、わたくしたちが必ずよみがえらされることの保証であり、しるしでございます。

どうか、わたくしたちが今日の時代にあって、ここでパウロが教えておりますような大きな神の救済の御業の歴史から事柄を見直したい。先にまず自分の中で、肉の思いを殺して聖なる意思へというふうにあがき苦しんで、生活を清めていこうとか、信仰を強めていきましょうとか、クリスチャンらしくなりましょうとか、とあがくのではなくて、まず神がイエス・キリストにおいて罪を滅ぼし、終末の霊の世界を今既に来たらせておられる。その中にわたくしたちは包まれ入れられている。なぜなら「御霊」はわたくしたちひとりひとりの中に「宿って」、その世界にわたくしたちを結びつけてくださる。クリスチャンであれば必ず「御霊の中にあり」、「御霊はわたしたちの内にいましたもう」という事実に思いを集中したいと思います。

九節で「もし、キリストの霊を持たない人がいるなら、その人はキリストのものではない」とあります。『ニュー・イングリッシュ・バイブル』は「キリストの御霊を持たない人がいるなら、その人はクリスチャンでない」と、はっきり訳しています。つまりパウロは、クリスチャンの中に特別に御霊を持った人と、それからクリスチャンなのだけれども残念ながらここで言う素晴らしい御霊を持っていない人とがあって、〝がんばりなさい〟と言っているのではないのです。どんなに弱い信仰でありましても、どんなに不出来なクリスチャンでありましても、「クリスチャン」と呼ばれるからには「御霊は内に宿って」おり、この内住の御霊はわたくしたちをあの御霊の世界、「御霊の法則」の中に入れてくださっている。ですから、法則のように確実にわたくしは清められていくのです。「いのちの御霊の法則」によって、わたくしたちは「御霊の中に存在する者」が「御霊によって思う」ようになり、「思う」ならばわたくしの「歩み」も御霊に導かれていく。そして最後に、死んでもその「からだ」を「生かしてくださる」のであります。

この素晴らしい神様の大きな恵みの中にあるということを、わたくしたちは確信したいと思います。それが、わたくしたちのすべての悔い改めや献身の根拠でありまして、パウロは今日のところでは、献身を促すよりも先に、この事実、われわれがどういう恵みの時代と世界と力に包まれているかということを、読者に深く味わわせたいのであります。

その意味で、わたくしたちもまず、われわれが御霊を確かに宿している、そうであるならば、わたくしたちは御霊の世界の中に入れられているのである、そうだとするならば、御霊の法則的な確かさによって死のからだから必ず救われるのである、ということを信じ、また感謝したいのであります。

祈ります。

神様。さまざまな人間と社会の罪と悪の原理のゆえに自然界は毀《こぼ》たれ、また人間の社会生活の中にもさまざまな矛盾や罪や悪がはびこり、わたくしたちの日常生活の隅々にまでさまざまな害が及んでいる時代であります。それだけにわたくしたちは、このような罪と悪と破壊の原理ばかりに満ちておりますす世に、神様の聖なる御霊の世界が来ていることを、往々にしてクリスチャンでさえも見落としがちであり、この世の人と同じように慌てふためき、先行き不安に陥り、この世の人と同じように肉のことに思いが集中して生きることが多い者であります。

神よ。どうか、わたくしたちの目をもう一度見開かせてください。あなたがこの世を滅ぼさんとしてではなく、むしろ、ひとりも滅ぶことを望まず、御独り子イエス・キリストを世に遣わして罪と死を滅ぼし、そうして聖なる御霊をこの時代の中に来たらせ、わたくしたちを今終末的な聖霊の御力が支配する時代の中に入れていてくださいますことを、信仰の目をもって、わたくしどもがくっきりと見て取ることができますように、導いてください。

わたくしたちは、今なお肉体を宿としておりますがために、肉のことを思い、古い生き方と考え方とがなお残っておりますけれども、それでもわたくしたちが決定的に重大なこととして御霊の世界を思い、御霊の御力を思い、御霊の法則を瞑想することができますように。

どうか、この世界にあって、わたくしたちが、復活と永遠のいのちの希望をもう一度はっきりと自分自身に取り戻すことができ、この喜びを人々に語り伝え知らせることのできる者とならしめてください。

キリスト・イエスの御名を通して、乞い願い奉ります。アーメン。

八章一二―一七節

「アバ、父よ」と呼ばせる御霊

それゆえに、兄弟たちよ。わたしたちは、果すべき責任を負っている者であるが、肉に従って生きる責任を肉に対して負っているのではない。なぜなら、もし、肉に従って生きるなら、あなたがたは死ぬ外はないからである。しかし、霊によってからだの働きを殺すなら、あなたがたは生きるであろう。すべて神の御霊に導かれている者は、すなわち、神の子である。あなたがたは再び恐れをいだかせる奴隷の霊を受けたのではなく、子たる身分を授ける霊を受けたのである。その霊によって、わたしたちは「アバ、父よ」と呼ぶのである。御霊みずから、わたしたちの霊と共に、わたしたちが神の子であることをあかしして下さる。もし子であれば、相続人でもある。神の相続人であって、キリストと栄光を共にするために苦難をも共にしている以上、キリストと共同の相続人なのである。

「それゆえに、兄弟たちよ」と、親しく呼びかけております。長いこの手紙の中で兄弟に呼びかけますのはこれで四度目でございますが、今日のところで「兄弟たちよ」と呼びかけておりますのは、八章の初めからここまでのところで教えてきましたわたくしたちの現実――事実わたくしたちがどういう者とされているのかということに基づいて、「それゆえに」ひとつの具体的な勧めをしたいからであります。

パウロが明らかにしたところによりますと、わたくしたち「キリスト・イエスにある者は」、キリストの御霊がわたしたちの内にあって、この聖霊がひとつの法則的な確かさを持って、わたくしたちを必ず罪と死から解放して、最後には死のからだからよみがえらせてくださるほどになる。この法則的な事実がありますことに基づいて、「それゆえに」具体的な勧めが一二節と一三節に勧められているわけであります。


「それゆえに、兄弟たちよ。わたしたちは、果すべき責任を負っている者であるが、肉に従って生きる責任を肉に対して負っているのではない。なぜなら、もし、肉に従って生きるなら、あなたがたは死ぬ外はないからである。しかし、霊によってからだの働きを殺すなら、あなたがたは生きるであろう」。

今まで語られたことに基づいて生まれてきますことは、「それゆえに……わたしたちは、果すべき責任」がある、つまり負債がある、ということであります。一方的なキリストの恵みによって、わたくしたちの罪がゆるされ、掟から解き放されたということは、わたくしたちを自由にしますが、しかし無責任に放埒にするのではなくて、かえってこの恵みに対する「負債、責任」を生み出す、こういう順序であります。パウロは、コリント人への第一の手紙の六章一九節から二〇節において、有名なこの教えを語りました。

「あなたがたは知らないのか。自分のからだは、神から受けて自分の内に宿っている聖霊の宮であって、あなたがたは、もはや自分自身のものではないのである。あなたがたは、代価を払って買いとられた――つまり負債がある――のだ。それだから、自分のからだをもって、神の栄光をあらわしなさい」。

わたくしたちが、罪から、また掟から救われることには、神の側、キリストの側で大変な代価と犠牲を払っていてくださるのですから、わたくしたちにはその恩義がある、また負債がある。したがって、わたくしたちの生き方もそれによって決まる。そういう考え方であります。

『讃美歌』の中に、三三二番の大変美しい有名な歌がございます。「主はいのちを／あたえませり、主は血しおを／ながしませり。その死によりてぞ／われは生きぬ、われ何をなして／主にむくいし」。「主は御父の／もとをはなれ、わびしき世に／住みたまえり。かくもわがために／さかえをすつ、われは主のために／なにをすてし」。「主はゆるしと／いつくしみと／すくいをもて／くだりませり。ゆたけきたまもの／身にぞあまる、ただ身とたまとを／献げまつらん」。

この讃美歌は、イギリスの牧師の娘でありました有名なフランシス・ハヴァガル（一八三六―一八七九年）という方の作品であります。讃美歌作者として大変有名な詩人でありますが、あるドイツ人の牧師の家にまいりましたときに、その牧師の書斎にキリストの肖像画が掛かっておりまして、その下に「我は、汝のためにこの苦しみをなせり。汝はわがために何をなしたるや」という言葉が書いてございましたのに非常に心を打たれて歌いました讃美歌である、と言われております。本当に、キリストの方はわたくしたちのためにかくも苦しみをなしたもうた、そのことに対して、わたくしたちは何ほどのご恩返しができるのであるか。この負債感がわたくしたちに生じて、その感謝とお礼が、わたくしたちを献身へと促すのであります。

その「責任」は、パウロが言いますように「肉に従って生きる」ような「責任を肉に対して」感ずるわけではない。むしろ、「御霊によってからだの働きを殺し」ていく、ということを求めています。そうするならば、「あなたがたは生きるであろう」。

この場合の「生きるであろう」というのは、もちろん現在生きております生物学的な生命のことではなくて、終わりの日に死人の中からよみがえらされる永遠のいのちを含めて、今から本当に生き生きとした、いのちと呼ぶに価するようないのちを「生きる」ように変わることです。そのために、わたくしたちは「御霊によってからだの働きを殺し」ていくことが必要なのであります。

「からだの働き」と訳されております言葉は、聖書の中にここにしか出てこない言葉でありますが、これは今まで何度もお断りしましたように、決して人間の持っております霊魂は清らかであるが肉の「からだ」は醜く卑しく汚れている、という意味での霊肉二元論に基づいている言葉ではありません。

そうではなくて、パウロが「肉」と言いますときには、からだも心もひっくるめて生まれながらの人間、この脆い弱い、したがって誘惑にたびたび負けているわたくしの性質全体が「肉」であります。それに対して、神の御霊によって生まれ変わらされた新しい生命、これはすべて「御霊、霊」であります。けれども、わたくしたちの中にその古い肉なる性質が残っておりまして、この性質は実際に言うとやっぱりわたくしたちの「からだ」をきっかけとして起こってきます。非常に具体的に、わたくしたちの肉体の持っております食欲であるとか性欲であるとか目の欲であるとか、「からだ」の感覚的な欲望と絡み合って生まれてくることが実際には多いわけです。それで、今までも例えば六章六節で「罪のからだ」と呼んでおります。八章一〇節「からだは罪のゆえに死んでいる」。それで「からだの働き」と表現したわけであります。最近のいろいろな新しい英語訳、アメリカ語訳を見ますと、わざわざ「からだの卑しい欲求」、あるいは「からだのよこしまな仕業」というように言葉を補って翻訳しております。

わたくしたちが本当に神とキリストの一方的な恵みによって罪と汚れから解放されたと信ずるのならば、そのことに感謝するのならば、わたくしたちは具体的に自分の「からだ」のひとつひとつの「働き」を、特に卑しい欲求、よこしまな習慣を「殺し」ていかなければならない。「肉の欲、目の欲、持ち物の誇」と聖書が呼びますものを、具体的に捨てていかなければならない（Iヨハ二・一六）。そうするならば、「あなたがたは生きるであろう」。

〝信仰に生きなさい〟とか〝神とキリストに献身しなさい〟とかということは、いつの時代でも、どこの教会でも、いつも訴えられることであります。しかし、実はわたくしたちがそのように生きるためには、何よりも「からだ」のもろもろの「働きを殺す」――これを禁欲とキリスト教の伝統は呼んできたわけであります――禁欲というものが必要であり、また命じられているわけであります。

聖書が教えております禁欲、「からだの働きを殺す」ということは、わたくしたちが虚しい肉の欲求や追求に夢中になってしまってそのために本当の意味で「生きる」というエネルギーがなくなってしまわないように、自分の具体的な「からだ」の肢々をつまらない使い方から断つ、「殺す」、そうしてパウロが既に教えましたように（六・一三）「義の武器として」わたくしたちの「からだの肢体」

を専念して使えるようにエネルギーを蓄えて、もっと積極的な聖なる正しい用途のために集中させる努力、それを禁欲と呼んでいるわけです。

人間の能力というのは、千年経とうと二千年経とうと、そう変わるものではない。わたくしたちが手をもって、足をもって、目をもって、耳をもって、口をもってする生活の限度というものは、二、三千年ちっとも何も変わってはいない。しかしそれを要求するいろいろな現代的な欲望はいっぱい増えたわけですから、それを世間並みにみんなやって、残った力でもって何とか祈禱会にも行きましょうかとか、礼拝にも参加しましょうかというと、もうできないことは分かっています。ですからパウロは、「からだの働きを殺す」ならば、「あなたがた」は信仰的に「生き」出す、と言っているのであります。

わたくしたちは、ぜひ具体的に、本当に救われたことに負債を感じ、ご恩を感ずるのであれば、まず自分たちのしております「からだ」のさまざまな「働き」を、どこを「殺し」、何を切り捨て、何を節約できるのか、ということから始めなければならないと思うのであります。

その次の一四節は、「なぜなら」という言葉で始まって、この「御霊によってからだの働きを殺す」ということを、その理由をもって説明しようとしているわけです。

「なぜなら、すべて神の御霊に導かれている者は、すなわち、神の子――クリスチャン――である」。だから、皆この「からだの働きを殺す」「御霊の導き」というものは持っています。〝殺したいのですが、わたくしにはできません〟、〝禁欲したいのですが、先生のおっしゃるようにはできません〟という人は、「神の子」、キリスト者の中にはないのであります。

有名なウォーフィールド（一八五一―一九二一年）という長老派の学者が、このローマ人への手紙八章一四節のただ一節をテキストにいたしまして、『御霊の導き』という非常に優れた説教をなさった記録があります。いかにも学者らしい説教でありますので、わたくしのややこしい説教を聞いておられる方は、そのウォーフィールドのを読んでいただきますと、もっとややこしい説教も世の中にはあるのだということを知っていただけると思うのですが。ウォーフィールドは、その説教でまずこういうふうに言うのです。

「すべて神の御霊に導かれている者は、すなわち、神の子である」というのですから、ここでパウロの教えます「聖霊の導き」とは、すべてのキリスト者にいつでもある「導き」のことを言っているのです。何か特殊な人だけが体験する神秘的な体験とか、ある特別な状況を克服させてくれるような特別なお導きというのではなくて、あらゆるキリスト者が、あらゆる時に導かれている導き。そういうものは何かというと、これは誰しもが持っている罪との戦いにおいて導かれる導きである。すなわち、いわゆる聖化のことがここで言われている。

ウォーフィールドは、こう言っています。「もしわたしたちが、新しい服従の生活を自分自身の活動の見地から考えると、自分が信仰の良き戦いを戦う、と語ることができる。もっとそれを深く掘り下げて考えると、それが、神が御霊によってわたしたちの内になしたもう御業であることが分かる。わたくしたちが、魂の内なるこの神の御業を、そのプロセス全体の終局について考えるとき、それを聖化と呼ぶが、それを、わたしたちが日ごとに、幾分曲がりくねり、いつも茨に満ちた人生行路で格闘するプロセスそのものについて考えるとき、それを御霊の導きと呼ぶのである」（『聖書と神学の諸研究』五四六頁）。

さてこの「導き」という言葉について、ウォーフィールドは、他にも似たような言葉はギリシヤ語にあるのだけれども、この言葉には三つの大事な意味が含まれているのだと申します。そのひとつは、〝外からの感化力〟で導かれるときにだけ使う。第二番目は、この外からの〝コントロールは、完全である〟。それから第三に、導いていく〝その道筋〟そのものが考えられている。このときに、他の言葉ではなくてこの「導かれる」という言葉が使われるのだ、と言っております。

今日は具体的にいちいち聖書の他の箇所を参考にすることは省きたいと思うのですが、第一にこの言葉は、「外からの力」に感化されてわたくしたちがあるところに連れていかれることを表します。決して、自分自身の中の良心が罪と戦う、あるいは精神力が肉体の感覚を殺すというような、自分の中での格闘なのではなくて、わたくしならざる外の力がわたくしに働いてわたくしを聖なるところに導いてくれる、これが聖霊の導きなのです。

第二に、その「コントロールは完全である」。例えば、同じところにわたくしを導くのにも、わたくしと同じところに立って、〝ここをずっと行ったら向こうにお菓子屋さんがある。あそこに行って買っていらっしゃい〟と言うのもひとつの導きですね。あるいは、わたくしの行くべきそのゴールに既にもう立っていて〝こっちだ、こっちだ、こっちへいらっしゃい〟と言うのも導きは導きですね。そういうときにはこの言葉は使わない、とウォーフィールドは言うのです。この言葉は、人が家畜を連れて目的地へ連れていく、あるいは牢獄の囚人を連れて法廷まで連れて出てくる、盲人を立たせてイエス様の御許まで連れて来るときに使われます。つまり、スタートからゴールまでの一切の動きにちゃんと手を取って連れて来てくれる導きのときに、この言葉が使われる。

しかも第三に、この「導き」という言葉は、ただスタートとゴールだけを考えているのじゃなくて、その間の「道筋」の一歩一歩を頭に置いているときに使う。例えば、ひとつの面白い例としてペテロの第二の手紙の一章二一節に、聖書の預言者が霊感を受けて預言をしたときのことが似たような表現で表されております。「なぜなら、預言は決して人間の意志から出たものではなく、人々が聖霊に感じ――これが「運ばれる、導かれる」という表現です――、神によって語ったものだからである」。この場合の「聖霊に感じる、運ばれる」と訳される言葉は、荷物を担いで運搬するという言葉なのです。ただ今わたくしたちが学んでいるロマ書八章で「御霊に導かれる」という言葉とは違うのです。すなわち、聖書の預言者が神様の霊感を受けて神の言葉を語るときには、ちょうど荷物が運搬されていく、自分では行けないところへ運ばれて持ち去られるように超自然的に語らされるということがある。パウロが今ロマ書の八章一四節ですべての神の子たちにあるという「御霊の導き」は、そういう運搬ではない。わたくしたちも足を動かして一歩一歩歩かされる。盲人であれ家畜であれ囚人であれ、その行き着くところまで連れられては行きますけれども、自分の足で歩く。その道筋がちゃんとあるわけです。

だからわたくしたちは、その一歩一歩のところで「からだの働き」を自分自身も殺そう、殺そうとしながら、しかも、外からの「御霊の導き」という支配的な力に完全に掌握されて、確実に聖化の歩みを歩めるのであります。

一五節は再び「なぜなら」とまた理由を語りまして、「なぜなら、あなたがたは再び恐れをいだかせる奴隷の霊を受けたのではなく、子たる身分を授ける――つまり養子縁組の――霊を受けたからである。その霊によって、わたしたちは『アバ、父よ』と呼ぶ――叫ぶ――のである」と言っております。

「子たる身分を授ける」と訳された「養子縁組」という言葉は、聖書では、パウロ書簡にしか出てきません。「奴隷の霊」「子たる身分を授ける霊」という句はここだけです。

「アバ」というのは、当時ユダヤ人たちが日常使っておりました言葉、それはアラム語と言いまして本来のイスラエル人の使ってきたヘブル語の、何と言うのでしょう兄弟か姉妹のような関係にある言葉であります。このアラム語を当時のユダヤ人たちは使っていたのですが、このアラム語で、家の中で小さな子供が自分のお父さんを呼ぶときに使う呼び名であります。外へ出て〝うちのアバが〟なんて言うのは、おかしいことであります。家の中で、実の親子の間で、小さな子供がお父さんに向かって「アバ」と言う表現です。非常に親しい、そういう信頼と愛情を込めた表現であります。

イエス・キリストは大人になりながら、ゲツセマネの園で神様に「アバ、父よ、あなたには、できないことはありません。どうか、この杯をわたしから取りのけてください」と必死になって祈られたときに、子供のときから使い慣れてきたこの表現を口にしておられます（マコ一四・三六）。それで、異邦人のクリスチャンにも分かりやすいように、そこでは「アバ、父よ」というギリシヤ語の翻訳が付けてございます。そのために、この呼びかけは世界中のキリスト教会にそのまま、いつも「アバ、父よ」という翻訳付きで広められたようでありまして、パウロはローマ教会への手紙にもガラテヤ教会に宛てた手紙の中にも(四・六)、やはり「『アバ、父よ』と呼ぶ」と翻訳付きで語っております。

さて、パウロはこのロマ書でもガラテヤ書でも「アバ、父よ」と祈りますのを、どちらも必ず「叫ぶ」と言っております。

わたくしの調べました限り、新約聖書の中で神様に向かって「叫ぶ」というのは非常に数少ない例しかありません。ひとつは、イエス様が十字架の上で息を引き取られるときに、「大声で叫んで言った」(マタ二七・五〇。使七・六〇参照)。もうひとつはヤコブの手紙の中で、金持ちに搾取された労働者が、神様のさばきを求めて「叫んでいる」。それを神様はちゃんと聞いておられるのだ、というところに使われております(五・四)。もうひとつは黙示録の中で、殉教を遂げた魂がその復讐を求めて、いつまでさばいてくださらないのかと祭壇の下で「叫んで」いる、というときに使われています(六・一〇)。それだけです。

お分かりのように、「叫ぶ」お祈りというのは、どの場合も非常な危急の中で、死の直前にとか、あるいは復讐と審判を求めて訴えるというような激しい祈りを表すのであります。ですから、わたくしは、この「『アバ、父よ』と叫ぶのである」とパウロが言いますとき、たくさんの注解者が言っておりますように、〝幼な子がお父さんに信頼を込めて〝おとうちゃん〟と甘えつくように〟という意味ではないと思うのです。そういうときのは、「叫ぶ」のではないと思うのです。そうではなくて、パウロがここで意識しております場面は、普通ならば恐れを抱かされる状況の中で、神の子たちは父なる神を信頼して「アバ、父よ」と父親の助けを叫んで求めることができる、ということなのだと思います。「あなたがたは再び恐れをいだかせる御霊を受けたのではなく、養子としての霊――すなわち、普通ならば恐ろしい場面の中でも〝おとうちゃん〟と言って助けを呼べるような子たる身分を授ける御霊――を受けているのだ」、と言っているのだと思います。ですから、どんな強大な悪魔の力や罪の力に対しましても、恐れる必要はない、この御霊の導きにいつでも寄りすがることができる、というのではないでしょうか。

一六節「御霊みずから、わたしたちの霊と共に、わたしたちが神の子であることをあかしして下さる」。

ここで、ふたつの「あかし」があるように訳されています。ひとつは「わたしたちの霊」であり、「『アバ、父よ』と叫ぶ」ということ。で、それと「共に」、それに加えて、さらに「御霊みずから」の証言がある。それが「わたしたちが神の子である」という証言だ。こういう感じで翻訳されております。

たくさんの翻訳がこのように理解しておりますが、わたくしはそうではなくて、実は一六節で言っております「御霊みずから」の「あかし」というのは、一五節で「その霊によって『アバ、父よ』と叫ば」せていただくこと、そのことなのだと思っております。

「共に……あかしする」という言葉はロマ書にあと二回だけ出る言葉で、確かに「共にあかしする」という意味もありますが（二・一五）、もうひとつは「強く、あかしする」という意味もございまして、それが実際九章一節で「わたしの良心も聖霊によって、わたしにこうあかしをしている」と訳している言葉であります。「共に」かどうかというより、要するにもう二倍ぐらいの確かさで証言するという、意味を強める言葉なのだと思います。カルヴァンもはっきりと「一六節は一五節の解説にすぎない」と言っております。

カルヴァンは、こう言っているのです。「我々は次の法則を常に心に留めなければならない。『我々は神を父よと口で呼び、また、心の内でもそのように固く信じるのでなければ、神に正しく祈ることはできない』。以上の原則と相応じるもうひとつのものがある。すなわち、『我々は、神への呼びかけによらないでは、自分の信仰を証しすることはできない』という原則である。したがってパウロが我々をこのような自己吟味に導いていって、『我々のひとりひとりが、意識的に信仰を把握しているかどうかが知られるのは、恵みの約束を受け入れて、我々自らが祈りの修練をしている時である』と言うのは、故なきことではないのである」。

回りくどい表現ですね。もっと簡単に言いますと、〝わたしたちが神の子であるということ、また自分たちが本当に信者であるということがはっきり分かるのは、祈るときにおいてである〟。こういうことなのですね。祈りにおいて「『アバ、父よ』と叫ぶ」祈りをしている事実が、まさに〝わたしは神の子なんだなあ〟ということを「あかしする」のである。だから、祈らないクリスチャンというのは、自分がクリスチャンであることをいつも確信し続けることができない、ということなのです。

ぜひその意味で、わたくしたちは本当に祈りをもって、祈りの中で自分が「神の子」とされていることを確認し、それならば必ず「御霊の導き」を受けているのだということも確信し、それだから「からだの働き」をひとつひとつ「殺せる」のだということを確信して、新しい服従の生活へときよくなっていきたいものであります。

一七節「もし子であれば、相続人でもある。神の相続人であって、キリストと栄光を共にするために苦難をも共にしている以上、キリストと共同の相続人なのである」。

今の時代に「養子」と言いますと、実の子供に比べて、何かこうよそよそしく、それから代用品という感じもありまして、何となく養子というのはあまり好かれない言葉でありますが、紀元一世紀のローマの国においては事情はすっかり違いました。立派な名門を誇る親は、その名門の名前と財産と地位を本当に譲るにふさわしい人物を見つけて養子といたしました。ですから、たびたび養子は実の子よりも優れた後継者であったわけです。ですから、わたくしたちが神の「養子」とせられていると パウロが言いますとき、何か家の中でちょっと肩身の狭い代用品のような立場にあなたがたは置かれていると言いたいのではなくて、本当に神様が信頼して相続人にしてくださっているという素晴らしい栄光を語るのであります。

「神の子」であれば、「相続人」です。何の「相続人」であるか。「神」を相続する「相続人」であります。「神の」相続人とは、神様が決めた相続人というだけではなくて、相続するものが「神」その方だ、ということなのです。

昔から例えば、詩篇の一六篇二節「わたしは主に言う、『あなたはわたしの主、あなたのほかにわたしの幸はない』と」。五節「主はわたしの嗣業、またわたしの杯にうくべきもの。あなたはわたしの分け前を守られる。測りなわは、わたしのために好ましい所に落ちた。まことにわたしは良い嗣業を得た」(五―六節)。あるいは七三篇の二五節、二六節「わたしはあなたのほかに、だれを天にもち得よう。地にはあなたのほかに慕うものはない。わが身とわが心とは衰える。しかし神はとこしえにわが心の力、わが嗣業である」。こう旧約の時代から信仰者は歌ってきたのでありますが（哀三・二四）、そのようにあなたがたは「神」そのものを譲り受けるところの「相続人である」。

それはちょうど、神の独り子イエス・キリストと「共同の相続人」だ、ということであります。ただ、わたくしたちがキリストと共に父なる神を相続させていただく子であるためには、条件があります。キリストが苦難を受けて栄光に入られたように、わたくしたちもまた栄光に入る前には「苦難」を経なければならない、ということであります。

第二に、ただ苦しんだらいいというのではなくて、「キリストと栄光を共にするために――キリストと――苦難をも共にする」とわざわざくどく繰り返されていますように、そのあらゆる歩みの中で「キリストと共に」生きる、「キリストと共に」苦しむ、だから「キリストと栄光を共にする」という、このキリストと一体の生き方をすることです。「栄光を共にする」という言葉はここしか出てきません。

これはおそらく、その当時の教会の一種の賛美歌だったのではないかと思われます。テモテへの第二の手紙の二章一一節以下に、よく似た言葉が出てまいります。「次の言葉は確実である」。つまり、当時教会で語り慣わされております言葉があったのですね。何かというと、「もしわたしたちが、彼と共に死んだなら、また彼と共に生きるであろう。もし耐え忍ぶなら、彼と共に支配者となるであろう」（一一―一二節イ）。同じような歌ですね。ですからクリスチャンたちは、どこの教会でも「キリストと共に」耐え、「キリストと共に栄光を」継ごう、と歌い続けていたのだと思うのであります。

どうか、今日のわたくしたちもまた同じように、この賛美と信仰告白に加わりまして、「キリストと共に」苦しみ、悪と戦い、「からだの働きを殺し」て、そうしてその悪戦苦闘の後に、「キリストと共に」神のご栄光をいただく「相続人」でありたい、と願うのであります。

祈ります。

神様。わたくしたちに「肉の欲、目の欲、持ち物の誇」、本当にこの世の者たちが追い求めておりますさまざまな「からだの働き」と欲望とがありまして、知らず知らずにわたくしたちはその中で生きつつ、しかも神を求め、キリストを求め続けていこうと、本来不可能なことを夢見る者でございます。

しかし今日、聖書を通して、あなたがわたくしたちに戒め、また励まし、保証してくださいましたように、わたくしたちが御霊によって、具体的に現在しておりますす自分の生活の中から、益なき罪深い醜い「からだの働き」をひとつひとつ殺していくことができますように、教えてください。

わたくしたちが、それができるような「御霊の導き」を受けて、その完全な支配の下にあることを信じさせてください。

そうしてわたくしたちが、この御霊に助けられて「キリストと共に」罪と戦うことにおいて血を流すまでに苦しみますときに、神様は「キリストと共に」神の栄光を相続させてくださるという約束と保証を、わたくしたちがはっきりと確信することができますように、信仰を強めてください。
主イエス・キリストの御名を通して、お願いをします。アーメン。

八章一八―二五節

神の子たちの栄光の自由に入る望み

わたしは思う。今のこの時の苦しみは、やがてわたしたちに現されようとする栄光に比べると、言うに足りない。被造物は、実に、切なる思いで神の子たちの出現を待ち望んでいる。なぜなら、被造物が虚無に服したのは、自分の意志によるのではなく、服従させたかたによるのであり、かつ、被造物自身にも、滅びのなわめから解放されて、神の子たちの栄光の自由に入る望みが残されているからである。実に、被造物全体が、今に至るまで、共にうめき共に産みの苦しみを続けていることを、わたしたちは知っている。それだけではなく、御霊の最初の実を持っているわたしたち自身も、心の内でうめきながら、子たる身分を授けられること、すなわち、からだのあがなわれることを待ち望んでいる。わたしたちは、この望みによって救われているのである。しかし、目に見える望みは望みではない。なぜなら、現に見ている事を、どうして、なお望む人があろうか。もし、わたしたちが見ないことを望むなら、わたしたちは忍耐して、それを待ち望むのである。

ローマ人への手紙の八章一七節に、わたしたちが「もし子であれば、相続人でもある。神の相続人であって、キリストと栄光を共にするために苦難をも共にしている以上、キリストと共同の相続人なのである」、と言われております。わたくしたちは今「神の御霊」をいただいて神様に「『アバ、父よ』と呼ぶ」光栄を与えられておりますが、しかし現実には「苦難」がわたくしたちの人生の上にありまして、「キリストと栄光を共にするために苦難をも共にしている」。この「苦難」の問題を一八節から二五節までは取り上げまして、苦しんでおりますクリスチャンを慰め、また励ましているわけであります。

もっと終わりの方まで一緒に見るならば、口語訳に従って読む限りでは、二七節までが今の苦難の生活を描いている。そこには三つの「うめき」が語られておりまして、ひとつには、全被造物がうめいているということを一五節から二二節までに記します。第二に、クリスチャンもうめいているということが二三節から二五節までに記されます。さらに第三に、御霊もまた、わたしたちの内のうめきをとりなして下さると、二六節、二七節は語ります。それに対して二八節以下には、神様がそれらをも「益」とならしめてくださる未来の「ご計画」が輝かしく記されていくと、そういうふうに二八節からを境目として比較して読めるのであります。

わたくしはむしろ、苦しみの中にありますクリスチャンを励ますという角度から、一八節から二五節までは、今の「苦しみ」とは比べ物にならないほどの「栄光」がやがて現されようとしている、その「やがての栄光」を語って、ひとつには励ます。第二には、二六節から二八節に、今は「御霊のとりなし」があるのだからと言って、励ます。そして第三には、二九節から三〇節までに、神様が「あらかじめ知っておられる者たち」に「栄光を与えて下さる」のだからと言って、励ます。このような三つの慰めを語って励ましている、と見ることができると思います。

一八節「わたしは思う。今のこの時の苦しみは、やがてわたしたちに現されようとする栄光に比べると、言うに足りない」。

「言うに足りない」と訳されております言葉は、もともとは「動かす」とか「導く」という言葉（一四節）から生まれた言葉でありまして、何を「動かす」かと言いますと「天秤の皿を動かす」という意味で使われました。天秤の皿に何らかの動きを起こさせるような重みのあることを表すわけです。「今のこの時の苦しみは、やがて現されようとしております栄光」の乗っております天秤を、びくっとでも動かすに足るほどの重さがない、と言っているのであります。

わたくしたちは普通は、現実の「苦しみ」と釣り合わせる天秤のもうひとつのお皿には、むしろ過去の運命であるとか因縁であるとか親の因果であるとか、暗い思い出を探しまして、これだけの苦しみが起こってくるだけの因果がどこにあるのかと昔を覗くわけであります。が、聖書の独特な教えは、「今」の苦しみと釣り合うか釣り合わないかというもうひとつの天秤のお皿に「やがて」来るものを乗せる。こういう天秤の量り方をする。

イエス様がお弟子を連れて歩いておられましたときに、道端に座っておりました生まれながらの盲人を見て、弟子たちは「先生、この人が生まれつき盲人なのは、だれが罪を犯したためですか。本人ですか、それともその両親ですか」と過去の原因を探った。しかし、イエスは「本人が罪を犯したのでもなく、また、その両親が犯したのでもない。ただ神のみわざが、彼の上に現れるためである」とおっしゃいまして（ヨハ九・二―三）、これから「やがて」彼の上に「現されようとする栄光」と、それから「今」目が不自由であるという現実の「苦しみ」とを釣り合わせまして、充分意味があるということを説明なさったのであります。

パウロは、それと同じ天秤の量り方をここで教えています。確かに今は苦しみがあります。しかし、この「苦しみは、やがてわたしたちに現されようとする栄光」と、ふたつ乗っけてみると、もう全然重さが違う。だから、現実のこの苦しみを乗り越えましょう、と励ましています。

「わたしたちに現されようとする栄光」と訳されます言葉は、直訳しますと「わたくしたちの中へ啓示されようとしている栄光」。

この「啓示される、現される」と訳される言葉は、カーテンの奥に隠れております物をカーテンを開けて観客に見せる、あるいは、物を包んでおりました風呂敷を開けて中身を皆に見せる、こういうことを表す言葉でございまして、ヨハネ黙示録の「黙示」というのが同じ言葉です。

わたくしたちには、終わりの時の栄光は、幕の向こうにあります舞台あるいは風呂敷の中に包み隠されております物のように、まだ見えない。現実の苦難の中にあっては、見えない。しかし、それは「やがてわたくしたちの中へと覆いを取り払って現される」のであります。

わたくしたちは、その幕がさっーと開けられてやがての栄光が見せられますときに、それを見物人のように見るのではないのです、「わたくしたちの中へ」現される。わたくしたちを舞台として栄光がぱっーと輝くように、そういうふうに栄光を迎える。他人事としてではなくて、わたくしたちのものとして、この栄光を実現していただく。

また、この言葉は、今は隠されておりこそすれ、存在していないわけではない、もうカーテンの向こうにちゃんと用意されている、ということをも、わたくしたちに知らせてくれます。目先の苦しみ、悲しみ、さまざまなものにわたくしたちは目を取られて、何か将来の栄光がまだ作られていないかのように疑ったり不安になる必要はないのでありまして、実は、この苦難の生活というカーテンで隠れてはおりますが、その裏側に、もうちゃんと「やがて現されようとする栄光」は用意されている。パウロが一七節で「キリストと栄光を共にするために――キリストと――苦難をも共にしている」のだと言ったとおりでありまして、今わたくしたちがキリストと共に苦しみを受けていることが、実はもう栄光が用意されているという保証なのであります。

パウロは、この手紙を書きますおそらく一、二年前だと思いますが、コリント教会に宛てて二通の手紙を送ったのであります。その第二の手紙の四章一七節に、非常によく似たことを語りました。「なぜなら、このしばらくの軽い患難は働いて、永遠の重い栄光を、あふれるばかりにわたしたちに得させせるからである。わたしたちは、見えるものにではなく、見えないものに目を注ぐ」（一七―一八節イ）。ここでもやはり「患難」が必ず「栄光」をもたらすという続き具合でありますし、また「患難」と「栄光」を天秤にかければ、「患難」はもうほんの「しばらくの軽い」もので、「栄光」こそ「永遠の重い」ものだ、という比較がございますが、今日学んでおりますところと、ただひとつ大事な点が違います。

それはコリント人への第二の手紙でパウロが語っております「このしばらくの軽い患難」の今の時とは、パウロ自身が死ぬまでの一生涯のことです。この地上の生涯で味わう患難は、死んで、あの世に行って主イエス・キリストと共に住む、あの世の栄光と比べれば短いものだ軽いんだ、こう彼は申しまして、できることならば「むしろ肉体から離れて主と共に住むことが、願わしいと思っている」と五章八節で率直に語っています。まあ日本的に言いますと、此岸と彼岸、この世と死んでからのあの世、こういう比較であります。

パウロがローマ人への手紙で言っております「今のこの時」と言いますのは、そういうひとりひとりの人間が地上で肉体を持って生きる生涯の「この時」ではなくて、人類が地上で存在するすべての歴史、これが「今のこの時」であります。「やがて」栄光が現れる時とはいつかというと、わたくしたちが死んであの世に行く時ではなくて、一九節の表現では「被造物は、実に、切なる思いで神の子たちの出現を待ち望んでいる」、二一節の表現では「被造物自身にも、滅びのなわめから解放されて、神の子たちの栄光の自由に入る望み」、あるいは二三節の表現で言うならば「わたしたち自身が「からだのあがなわれることを待ち望んでいる」、そういう「時」であります。つまり、終末、全世界が栄光にあずかり、われわれもまた霊のからだをいただいて復活する終わりの日であります。あの世に行くのではなくて、むしろそういう終わりの時がこちらに来るのを、クリスチャンも全被造物も待っている。こういう思想です。

このような終末的な世界が来ることを、なかなか現代のわたくしたちは信じにくいのでありますが、パウロはそれを説得いたしますために一九節以下の文章を続けるわけであります。

「なぜなら、被造物は、実に、切なる思いで神の子たちの出現を待ち望んでいる」（一九節）。

ここで「被造物」と言われておりますものは、次の二〇節に行きますと「虚無に服した」と言われておりますから、天使を含んでいないことは明らかでございます。二三節に進みますと、被造物がうめいているだけでなく、「わたしたち自身も」うめいていると、クリスチャンは別に列挙されておりますので、この「被造物」の中にクリスチャンは含まれておりません。そうかと思いますと、二一節によりますと被造物は「神の子たちの栄光の自由に入る望み」があるのですから、ノン・クリスチャンであるはずはありません。つまり、人類はこの被造物の中には含まれておりません。二〇節によりますと、「被造物が虚無に服したのは、自分の意志によるのではない」と言われています。人類が虚無に服したのは、まさに自分の意志で好き好んで罪を犯して虚無に服したわけでありますので、パウロがここで考えております「被造物」は人類を含んでいないということは明らかであります。つまり、神様が造られたすべてのものの中で、天使と人間を引き算した残りのものを、パウロはここで「被造物」と呼んでいるわけであります。まあ一口に言うと自然界ですね。動物も植物も単なる物質も含めまして、われわれが今日自然界と言うものであります。そういう天然自然を見まして、彼らは「切なる思いで……待ち望んでいる」というのであります。

二〇節「なぜなら、被造物が虚無に服したからだ」と申します。

ここで「虚無に服す」と言いますのは、いろんな説明がございますが、自然の秩序を妨げるような、力の欠如、あるいは自然のいろいろな力がその正しい目標を達成しようとして味わうフラストレーション、こういうふうに説明する人があります。分かりやすく言うならば、現在の被造物を本来あるべき姿から異ならせているようなあらゆる状況を「虚無」と言う、というふうに、また別の人は説明しております。

ただ、ここで「虚無」と訳されております「むなしいもの」という言葉は、旧約聖書以来たびたび外国の異なる神々、偶像を表すのに使ってきた言葉であります（詩三一・六、四〇・四、行一四・一五）。ですから、ただ、科学的に言って自然界が本来備えているべきエネルギーを失っているという力不足だけではなくて、本来の造り主であり本来の支配者であられる神ではなくて、異なれる神々、本当の自然界の持ち主でも支配者でもない者が自然界を支配し、牛耳り、管理してしまっていて、それでさまざまな力不足が自然界に現実にある、ということを聖書は言おうとしているのだと思います。もし自然が、神様の直接のご支配の中だけにあるならば、もっと美しく実り豊かであったでしょうが、しかし、神のようになりたいと思い上がった人間の堕落した手の中に握られておりますために、今日の人々がよく分かりますとおりの自然破壊が現実に起こってきているわけであります。二一節「被造物自身にも、滅びのなわめ」の中に取り込まれているわけであります。この人間が自然界の「虚無」なり「滅び」なりに責任を問われているということは、比較的最近の人間には認めやすいと思います。ところがパウロは、この破壊された天然自然を注意深く見ますときに、「共にうめき共に産みの苦しみを続けていることを、わたしたちは知っている」と二二節で言い切っております。「わたしたちは知っている」。

旧約聖書は、神から遣わされる救い主が天から地上に降りたもうときに、天地は新しい天と新しい地に衣替えをする、と預言してきました（イザ六五・一七、六六・二二）。ですから、パウロがこの手紙を書きますもっと前に既にユダヤ教は、確かに神が終末的な時代を来たらせたもうときに、世界は新天新地に変えられる、そのときは、昔のエデンの園が回復される、と待っていたのであります。この期待を、イエス・キリストもまたクリスチャンたちもはっきりと「知っている」わけであります。

イエス様は、例えばマタイ福音書の一九章二八節で「世が改まって、人の子がその栄光の座につく時には、わたしに従ってきたあなたがたもまた、十二の位に」座らせてやろう。今この世ではあなたがたは迫害を受けて多くを失うが、しかし、終わりの時には「その幾倍もを受け、また永遠の生命を受けつぐであろう」と約束なさいました(二九節)。この「世が改まる時」と訳されております言葉は、文字どおり訳すと「生まれ変わり」とか「再生」と訳される言葉です。世界が生まれ変わるとき、これを主イエス・キリストも教え、またしたがってパウロもこのロマ書において「わたしたちは知っている」じゃないか、と思い起こさせているのであります(行三・二一、Ⅱペテ三・一三)。

一九節「被造物は、実に、切なる思いで神の子たちの出現を待ち望んでいる」。

この「切なる思い」と訳されます言葉は、「首を長くして熱心に見ること」を表します。非常に生き生きとした表現であります(ピリ一・二〇)。

「待ち望んでいる」と訳されます言葉は、「相手の手から受けようとして待っている」という言葉でございます(二三、二五節)。

二二節に「共にうめき共に産みの苦しみを」しているとパウロがはっきり言い切りますとおり、この「首を長くして待つ」、また来たるべき御方の「手から受けようと待って」おりますそのことは何かというと、うれしいことにそれは、ちょうど母親が陣痛の苦しみにもなお赤ちゃんが産めるという望みでもって耐えるように、新しいいのちがそこに来るという約束がある。自然界は物言わぬものでありますけれども、パウロの信仰的な目でもってよく見るならば、確かに今そういう終わりの時が来て新天新地が産み出される時を、陣痛の苦しみに耐えながら「うめき」、「待っている」というのであります。この「共にうめく」「共に産みの苦しみをする」という言葉はどちらも、新約聖書ではここにしかありません。

二〇節「なぜなら、被造物が虚無に服したのは、自分の意志によるのではなく、服従させたかた――つまり神様――によるのであり、かつ被造物自身にも、滅びのなわめから解放されて、神の子たちの栄光の自由に入る望みが残されているからである」(二〇―二一節)。

望みが「残されている」と訳しますと、「虚無に服し……滅びのなわめ」に突き落とされて何もかも失った中で、最後に「望み」だけは「残され」ましたという感じでありますが、パウロの言いたい意味はそうではなくて、被造物は虚無に服させられたのですが、それは希望に「基づいて」服させられたのです、ということなのです。そういう器用なことができる方は、神しかありません。神様はもともとこの全世界を今あるよりももっと大きな望みに入れるために、一時虚無に服させた。ちょうどジャンプをする人がその寸前に腰を低めますように、神が被造物を虚無に服させたのは、そのこと自体が目的ではなくて、むしろもっと高い栄光、「神の子たちの栄光の自由に入る望みに基づいて」、一時服させたのだ。こういう教えであります。

わたくしたちは今日のところで、ひとつには、人間と自然界とが聖書においてどんなに深く運命共同体的に連帯性を持つものとして教えられているか、ということを教えられます。神は、被造物の頭とされた人間が罪を犯しましたときに、人間を罰すると同時に被造物をも虚無に服させなさいました

(創三・一七―一九)。この点で、人間と被造物とは連帯責任を持ち、人間は、自然界をある意味では非常に気の毒な目に連れ込んだ責任を負っているわけであります。しかし、逆に神様が、この被造物の頭でありますす人間をその滅びの中からお救いくださいますとき、これもまた人間ひとりだけが天国へ行くのではなくて、共同の連帯性を持っておりますす被造物全体を「滅びのなわめから」解き放って、「神の子たちの栄光の自由に」入れたもうのであります。

「滅び」と訳されるのは、もともとは「腐敗」という意味、「なわめ」は「奴隷身分」という言葉で、このふたつを合わせた句は、他に例がありません。「解放される」は「自由」の動詞です。奴隷から「神の子たちの栄光の自由」へと「自由にされる」のです。

わたくしたちは、この前学びましたように、「からだのあがなわれること」、この肉体が朽ち果てても必ず復活することを信じます。一体、この物質的な肉体が朽ち果てても必ず新しいからだによみがえるということはどういうことかというと、もちろん、この「からだ」と同じ物質世界もまた新しい天地によみがえらされるということであります。わたくしたちが「からだ」のよみがえりを信じるならば、自然界もまた復活すると信ずることは、別に不合理でも何でもありません。ヤコブの手紙一章一八節「父は、わたしたちを、いわば被造物の初穂とするために、真理の言葉によって御旨のままに、生み出して下さったのである」。

したがって第二に、わたくしたちが今知っておりますこの天地自然というものは、決して世の終わりが来たとき、絶滅するのではないということであります。わたくしの肉体が死において朽ち果てても、必ず霊のからだによみがえらされるように、同じように、この天地もまた終わりの日には霊的な新しい天と新しい地によみがえらせられるのです。ペテロの第二の手紙の三章一三節「しかし、わたしたちは、神の約束に従って、義の住む新しい天と新しい地とを待ち望んでいる」。それが具体的にどういうふうになるのかということは、わたくしたちが復活のからだをまだ知らないように、誰も知りません。けれども、それは真理であると聖書は「約束」しております。

わたくしたちが今日さまざまな学問や文化や勤労において、いろいろな形で天然自然を支配、管理しております勤労は、本当はこの永遠に続く新しい天地での勤労の生活の、ある意味では予備校であります。わたくしたちの地上の生涯と働きが、決してむなしくならない、むしろ新しい天地において新しいからだを持って完全な意味で文化的な勤労を神に喜ばれるように続ける日が訪れるのでありま す。

二三節「それだけではなく、御霊の最初の実――御霊という最初の実――を持っているわたしたち自身も、心の内でうめきながら、子たる身分を授けられること、すなわち、からだのあがなわれることを待ち望んでいる」。

宇宙の「産みの苦しみ」は、無意識的なものであって、ある意味ではパウロが文学的に読み取ったものであります。しかし今度は文字どおり、「わたしたち」クリスチャンの中には本当の「うめき」があり、やがて現れようとする栄光の時を待っている、それは「からだのあがなわれる」日でありま す。

なぜクリスチャンだけがその日を自覚し、意識的に今「待ち望み」の「うめき」をするのかというと、「御霊」という「最初の実を持っている」からです。

ここで「最初の実」と訳されております言葉は、「初穂」という言葉で、初穂を刈り取りますと、それをはしりとして、それ以後その畑の穀物は全部続けて確実に刈り取れるということを保証するものであります。「御霊」は、わたくしたちが終わりの日に「からだ」ごと丸ごと救われるということの「初穂」、保証なのです。

エペソ人への手紙の一章一四節で、「この聖霊は、わたしたちが神の国をつぐことの保証であって、やがて神につける者が全くあがなわれ」るに至る、その「保証」なのだ、と言われています。先ほどは、「聖霊」がわたくしたちが完全にからだごとあがなわれることの「初穂」であると言われましたが、今度は「聖霊」はそのことの「保証」ですと、ちょっと表現が変わります。この「保証」と訳されております「アッラボーン」という言葉は、「婚約指輪」を表すギリシヤ語です。あるいは「結納」、あるいは商売で言うと「手付金」であります。婚約指輪とは、それを渡すことによってやがて必ず結婚指輪に替えることを予約する保証の品であります。手付金とは、一部だけお金を払っておきますが、やがて全額払いますという保証であります。今わたくしたちに「聖霊」が与えられておりますのは、終わりの日が来たときに、わたくしたちの魂もからだも完全にあがなわれて神の子らしくされる日を先取りし「保証」する「初穂」であり、そのような「手付金」なのであります。

だからクリスチャンは、そういう「望みによって救われている」と言いますか、「望み」を持って生きるようにと「救われて」います（二四節）。

クリスチャンの救われている生活の基本的なモードは、「望み」というモードなのです。前向きの、終末を目指す、それがクリスチャン・モードだとパウロは言うのであります。

パウロは、今までのローマ人への手紙の教えの中で彼の福音を語りますときには、むしろだいたい、過去に起こったこと、神様が過去にしてくださったあがないの御業と神様が過去においてイエス・キリストをよみがえらせたもうた復活と昇天を語りました。過去において神様が充分にイエス・キリストにおいて成し遂げてくださった救いの事実を〝アーメン〟とするならば救われます、というふうに、もう昔のことばっかり信ずるように勧めてきたのです。そのためでしょうか、パウロに教えられました各地の教会の中で非常に後ろ向けの信仰が強かったようであります。コリント人への第一の手紙の一五章では、「あなたがたの中のある者が、死人の復活などはないと言っているのは、どうしたことか」とパウロは憤慨しております(一二節)。テサロニケ教会へ宛てた第二の手紙の中で「主の日はすでにきたとふれまわる者があっても」だまされるな、と戒めております(二・二)。あるいは、テモテへの第二の手紙の中で「復活はすでに済んでしまったと言い」ふらしている者がある、とたしなめております(二・一八)。何かこう、過去のところでもう済んだ、救われることは済んだ、主の日も済んだ、復活も霊的な意味で終わった、というふうに、目が過去に行ってしまっています。

パウロは今そのような間違いに対して、われわれが救われたのは終末を「待ち望む」「望み」というモードに救われたのだ。そして「聖霊」は実にこのことの「手付金」「婚約指輪」として、今わたしたちの中にある。「アバ、父よ」と、その終末の神様を呼ばせているのではないか、と言うのであります。この「望み」を持つ者は、「苦しみ」の中でも「忍耐して」、御霊によって進むことができるのであります。

「わたしたちは、この望みによって救われているのである。しかし、目に見える望みは望みではない。なぜなら、現に見ている事を、どうして、なお望む人があろうか。もし、わたしたちが見ないことを望むなら、わたしたちは忍耐して、それを待ち望むのである」（二四—二五節）。

祈ります。

神様。わたくしたちの地上で与えられます何十年かの人生の中で、また子々孫々、人類の歩んでまいります地上の歴史の中に、さまざまな苦しみと悲しみと矛盾とがありまして、いつの時代にも、またすべての人がうめいているのでありますが、それにも増して、わたくしたちの罪と欲のために傷つけられた全被造物もまた、切なるうめきをもって終わりの日の到来を待ち望んでおります。

わたくしたちが全く罪からあがなわれて、神の子として栄光の内に現れる日を全被造物が待ち望んでいるのでございますから、わたくしたちキリスト者がそのような大きな責任を持つ者として、自らも終末の希望を固く持ち、この望みによって忍耐して生きることができる者とならしめてください。

どうぞ、わたくしたちが、いつもあなたから与えられております御霊によって歩み、「アバ、父よ」と祈りつつ耐え、この苦しみの後にやがて必ず訪れます栄光の日を信じて生きていくことができますように、信仰を増し加えてください。

イエス・キリストの御名を通して、お願いします。アーメン。

八章二六―二八節

御霊のとりなし

御霊もまた同じように、弱いわたしたちを助けて下さる。なぜなら、わたしたちはどう祈ったらよいかわからないが、御霊みずから、言葉にあらわせない切なるうめきをもって、わたしたちのためにとりなして下さるからである。そして、人の心を探り知るかたは、御霊の思うところがなんであるかを知っておられる。なぜなら、御霊は、聖徒のために、神の御旨にかなうとりなしをして下さるからである。神は、神を愛する者たち、すなわち、ご計画に従って召された者たちと共に働いて、万事を益となるようにして下さることを、わたしたちは知っている。

八章の一七節に「もし子であれば、相続人でもある。神の相続人であって、キリストと栄光を共にするために苦難をも共にしている以上、キリストと共同の相続人なのである」とございました。この「キリストと共に」今は「苦難をも共にしている」、この「今のこの時の苦しみ」(一八節)という問題を、一八節以下で学んできたのであります。

ひとつには、「全被造物」が、やがて現れる栄光と解放を望み見ながらうめいている。ふたつには、二三節「それだけではなく……わたしたち――クリスチャンたち――自身も、心の内でうめきながら」復活の日を待ち望んでいる。それに続いて第三に、二六節から「御霊もまた同じように、……切なるうめきをもって、わたしたちのためにとりなして下さる」。

この三つの「うめき」の、今朝は第三の「切なるうめき」、また「御霊」の「とりなし」というものを、二六節から二八節を通して学びたいと思います。


二六節に「御霊もまた同じように、弱いわたしたちを助けて下さる」と語り継がれております。何に対して、どのように「同じよう」なのか。

今までの一八節から二五節では、主として現在のわたくしたちや世界の有様を「苦しみ」という角度から語ってまいりました。一八節に「今のこの時の苦しみ」、二二節にも「産みの苦しみ」というふうに、「苦しみ」という角度から「今の時」を描いてまいりました。ところが今日の二六節以下のところでは、むしろ「弱いわたしたち」、正しく訳しますと「わたしたちの弱さ」という角度の方が強く出てきています。

また、一八節から二五節まででは、そういう「苦しみ」の中でわたくしたちが「待ち望んで」支えられるということがおもに語られてまいりました。「待ち望む」という言葉が一九節にも二三節にも繰り返されておりました。それに対して、今日の二六節以下では、むしろ「わたしたちの弱さを助けて下さる」という「助け」という面から記されております。

このようにいくらか強調点なりとらえどころは違いますが、ちょうど「今」の「苦しみ」の中で支えられたと「同じように」、「御霊」も「弱さ」を持つわたくしたちを「助けて下さる」という意味で

「同じよう」だ、と言われているわけであります。

さて、「助けて下さる」のは「わたしたちの弱さ」に対してであるのですが、この「弱さ」とは一体何かと言いますと、もちろんひとつには、わたくしたちの肉の「からだ」、やがて「死ぬべきからだ」（二一節）にある「弱さ」、そこから生まれてくる病であるとか障害であるとか、「弱さ」があると思うのです。二三節でわたしたちが「心の内でうめきながら、……からだのあがなわれることを待ち望んでいる」と申しましたように、確かにわたくしたちは現実に必ず「からだ」のどこかにその人なりの弱さがありまして、そういう弱さを持たない本当に栄光に満ちあふれた永遠のからだによみがえらされる日を待ち望んでいるのであります。

しかし、もうひとつ、今日のところで特にパウロが念頭に描いておりますのは、もっと内面的なわたくしの「内なる人」、信仰的なわたくし自身に弱さがある、ということだと思います。

もしわたくしたちクリスチャンが、外なる人としては弱い――わたくしは生来病弱です、あるいは、もうだいぶ年を取ってきまして若い時のような元気はありませんわ――、と外なる人としては弱さを自覚しましても、内なる人としては非常に強く燃えたぎっておりまして生き生きと信仰が持てているのであれば、比較的悩みはないと思うのです。そうではなくて、わたくしたちクリスチャンたちの現実の悩みは、肉体の弱さもさることながら、心が弱い、信仰の方が弱い、そういう悩みの方がもっと深刻だと思うのです。

パウロは、それがよく現れる一番はっきりしております点として、「なぜなら、わたしたちはどう祈ったらよいかわからない」（二六節ロ）、こうはっきりと言っているのであります。どう祈るべきかを知らない、そういう霊的な信仰的な意味の無知あるいは弱さというものをパウロは考えているのですね。ここで、ある写本のごときははっきりと、「わたしたちの弱さを」というところを「わたしたちの祈りの弱さを」とまで書き添えているほどでございます。

さて、「わたしたちはどう祈ったらよいかわからない」とは、どういうことなのでしょうか。

これは、「どう祈ったらよいかわからない」と日本語に訳しますと、まるでハウ・ツー物で、わたしたちがどういう姿勢や、どういうせりふや、あるいはどういう時間に祈ったらよいかという祈り方、祈りのテクニックを知らない、というように受け取れる言葉でありますが、むしろここで言っておりますことは、内容的に「何を祈るべきかわからない」という、祈るべき内容についてよく「わかっていない」という「弱さ」であります。

この「弱さ」は、わたくしたちの主イエス・キリストが肉体を持って地上を歩みたもうた日に、主ご自身でさえも時には味わわれたいらだたしい弱さであります。ヨハネ福音書一二章二四節で、イエス様はいよいよ最後の日が近づいてこられたとき、「一粒の麦が地に落ちて死ななければ、それはただ一粒のままである――豊かな実を結ばない――」とおっしゃりながら、「今わたしは心が騒いでいる。わたしはなんと言おうか。父よ、この時からわたしをお救い下さい」（二七節）と叫ばれたのであります。こういう時に「わたしはなんと言う」べきかを知らないと、イエス・キリストでさえもいらだたしくご自分の弱さを告白されたのであります。ですから、ヘブル人への手紙の四章一五節で「この大祭司――イエス・キリスト――は、わたしたちの弱さを思いやることのできないようなかたではない。罪は犯されなかったが、すべてのことについて、わたしたちと同じように試錬に会われたのである」と言われているのであります。

この「どう祈ったらよいか」は、直訳しますと「何を、あるべきように祈るか」という句でありま す。この「あるべきように」というのは、わたくしが、さあ、これからお祈りをしようと思うのだけれども、「何を」祈ったらいいのだろうと言って、これから祈る言葉と内容の取捨選択に迷う、というだけではなくて、既に祈っております今のわたくしの祈りそのものが、「あるべきような」祈りであるかどうか、自信が持てない。そういうことまで含めて、「あるべき」祈りだとはどうも思えないという不安、疑い、心配があるのではないでしょうか。それが「弱さ」なのであります。

だいたい、「祈る」ということそれ自体が、自分に欠け目がありニードがありますからこそ祈って「助け」を頼むわけであります。ところが、この助けを頼む祈りでさえも「あるべきように」祈れないということ、つまり自分に本当は何が欠けているか分かっていない、自分は本当に何がニードであるかも悟れていないということ、これぐらい「わたしたちの弱さ」を示すものはないと思うのです。

既にパウロの時代までに、ギリシヤの宗教家や哲学者たちもやはり同じことを理解していました。「わたしたちは、神々にどう祈るべきかを知らない」。ところが、そのギリシヤの哲学者たちは、〝だから、もうわたしたちは祈ってはいけない〟と勧めたのであります。〝祈るべきことを知らないのだから、そんな見当外れの祈りなどはしない方がいい〟、とむしろ自分自身の修養を勧めたのであります。

クリスチャンは、同じ現実の弱さの中で全く違う「助け」を持っています。「御霊」が、この「わたくしたちの弱さを助けて下さる」のであります。

ここで「助ける」と訳されております言葉は、他に一度だけルカ福音書一〇章四〇節に「手伝いをする」と訳されて出てきます。ギリシヤ語というのは面白い言葉で、ふたつ、三つ、四つといろんな単語をくっ付けてずらずらずらっと長い単語にしてしまうことができる言語なのですね。ここで「助ける」と訳されておりますのも、それであります。「一緒に」という言葉と、「身代わりになって」という言葉と、それから「自分の身の上に」という言い回しで物を「持つ」なり「背負う」という言葉とがひとつの言葉の中にみんな込められた単語なのです。「誰かと一緒に、その人に代わって、自分の身に持ってやる」。こう言うのです。御霊は、確かにわたくしたちが祈るのですが、どう祈ってよいか分からない弱いわたくしたちと「一緒になって」、しかもわたくしのその不安を「わたくしに代わって、ご自身の身に請け負うてくださる」、これが「御霊」の「助け」なのです。

続けまして「御霊みずから、言葉にあらわせない切なるうめきをもって、わたしたちのためにとりなして下さる」(二六節ハ)、これを「とりなし」と言うのだと言い換えております。

「切なるうめき」と訳されるのはひとつの単語で、もう一度だけ使徒行伝七章三四節に「苦悩のうめき声」と訳されて出ていました。二三節「うめく」の名詞です。特に「切なる」という思い入れはありません。今度の「とりなす」と訳されております言葉はここに一度しか用いられませんが、これも、同じように幾つかの意味が込められておりまして、ひとつには誰それさん「のために」つまり誰それさん「の利益になるように」、もうひとつにはその誰それさん「に」あるいは誰それさん「の中に」入って、そして誰それさんに「会う」という三つの意味がひとつ単語の中に混じっているのです。「誰かさんのためになることを願って、他の誰かに会ってあげる」、こういうのが「とりなす」と言われている言葉であります。御霊が、祈れなくてへどもどしておりますわたくしの利益のために、父なる神様に会ってくださって、わたくしが祈りたいことを代わって談判してくれる。それが「とりなし」であります。

パウロは後ほど三四節までまいりますと、「死んで、否、よみがえって、神の右に座し」ておられる「キリスト・イエス」が「わたしたちのためにとりなして下さる」と語っております。ですから、実はわたくしたちの願いを父なる神様に「とりなして下さる」方は、ふたりいらっしゃるわけで、ひとりはその父なる「神の右に」いてとりなしてくださる「イエス・キリスト」であります。しかし、もうひとり、わたくしたちの「内に」おられて（九、一一節）、祈るべきことも知らないわたくしたちに代わって祈らせてくださる「御霊」の「とりなし」がある。だから、わたくしの胸の中でも神様のみそばでもとりなし手があるのだから、わたくしたちは弱くても勇気が持てる。こういうのが聖書のわたくしたちに語ってくれる励ましと慰めでございます。

この「御霊」の「とりなし」は、二七節を読みますと「そして、人の心を探り知るかたは、御霊の思うところがなんであるかを知っておられる。なぜなら、御霊は、聖徒のために、神の御旨にかなうとりなしをして下さるから」だ、とありますとおり、「聖徒のために」行われます。決して、広く世界一般のために「とりなす」のではなくて、あくまでも「聖徒のために」とりなしておられます。

しかもこの「とりなし」は、わたくしたちの「心」の中で行われております。このことは、二七節で「人の心を探り知るかた——つまり神様——は、御霊の思うところがなんであるかを知っておられる」と言われていることから明らかです。「言葉にあらわせない切なるうめきを（もって）」御霊はとりなしておられる。しかし、「言葉にあらわせない」からといって心配することはない、神様はちゃんとその「御霊の思い」を「知っておられる」のだ、と言いますと同時に、神様は「人の心を探り知る」方だ、と言っています。なぜ「人の心を探り知る」ということを言うのでしょうか。言うまでもなく、御霊が「言葉にあらわせない切なるうめきを（もって）……とりなし」ておられるのが「心」の中だからです。「人の心を探り知る」ことにおいて、神はその中で「とりなし」ておられる御霊のお考えをちゃんと読み取っておられるのです。それほどに、「御霊」は聖徒たちの「心」と区別することができないほどひとつになって働いておられます。このことをよく理解しなければ、パウロがここで教えていることが誤解されてしまうのではないかと思うのです。

「御霊」はわたくしたちの「心」とひとつになっておられる。ですから、神は「心を探り知る」ことにおいて「御霊の思い」を読み取られる。これほどに一体でありますから、二六節で「切なるうめき」と言われておりますのは、実は二三節に「わたしたち自身も、心の内でうめいている」というわれわれの心の中の「うめき」と別ではありません。ひとつです。わたくしたち自身がうめいております「うめき」とは別個に、耳を澄まして聞くと、わたくしの心の中で〝うーん、うーん〟とうめいているもうひとつのうめき声が聞こえる。それは一体誰の声だろうかと耳を澄ましてみると、それが御霊さまであった、というのじゃないのです。「御霊のとりなし」は、わたくしたち自身の「うめき」を用いて、それを媒介として、神様に伝わっている。

もしパウロがここで語っております「切なるうめき」がわたしの心のうめきなのだということを理

解してくださいますならば、「言葉にあらわせない」という形容詞もまた何を意味しているかということは明らかだと思います。この形容詞はここしか出てきませんが、ある学者などはこれを、言葉に表せない御霊の言葉つまり異言であると申します（Ｉコリ一四・二、九）。これは、わたしの心と別個に何か御霊がぺらぺらぺらぺらと語る、という誤解があるのではないでしょうか。

パウロがここで教えております「御霊」の「助け」は、そういう外からわたしに〝こう祈りなさい〟〝ああ祈りなさい〟と言ってくるような「助け」ではないのです。お父さんやお母さんが小さな子供に〝さあ、お祈りしなさいよ。こう言うのですよ、今日はお父さんお母さんに可愛がってもらってありがとうと、こう言いなさいよ〟と言って、ひとつひとつ言う言葉を授けて祈りを助ける。そういう外からの助けではなくて、わたくしの「心」の中の「うめき」を使って「とりなす」。したがって、この場合「言葉にあらわせない」とは、日本流に言うならば〝筆舌につくしがたい〟とか〝言葉にならない〟というぐらいの意味であります。

わたくしたち人間は、自分の心の中で今起こっております悶えやうめきを、きれいな文章にして人に分かってもらうということができません。自分の中にある弱さとか苦しみとか不安を言葉に連ねて、〝わたしには今こういう弱さがあります〟と並べて神に訴えることができません。しかし、神様はわたくしの「心を探り」見て、そこで御霊の「思い」をちゃんと読み取っていてくださるのです。「人の心を探り知るかたは、御霊の思うところがなんであるかを知っておられる。なぜなら、御霊は、聖徒のために、神の御旨にかなうとりなしをして下さるから」であります。

『讃美歌』の三〇八番に、お祈りの讃美歌がございます。有名なジェームス・モンゴメリー（一七七一―一八五四年）の讃美歌でありますが、しかし、元のせりふの意味がよく出ておりません。日本語の翻訳では「いのりは口より／いでこずとも、まことの思いの／ひらめくなり。いのりは心の／底にひそみ、隠るるほのおの／燃え立つなり」。「いのりは幼き／くちびるにも、言いうるた易き／言の葉なり。いのりは天なる／みくらまでも、けだかく聞ゆる／歌にぞある」となっております（一―二節）。直訳しますと、こういう文章なのです。「祈りは、口に出ない、言い表されない魂の真摯な願い、胸の内で震える隠れた炎の揺らめき」。二番「祈りは、神しか近くにいまさぬ時の、ため息の重荷、涙の流れ、上を見上げるまなざし」とこう歌われているのであります。つまり、「言の葉」に「たやすく」表現するどころか、ため息とか、涙が出るとか、あるいは目を天に上げてただ見上げていると いう程度しかできないのですが、神様はわれわれの心の中を探って、そのうめきを通して表現されている御霊の思いはちゃんと読み取っていてくださるのであります。

ここに、なぜパウロが、例えばエペソ人への手紙の三章二〇節で有名な言葉、「わたしたちが求めまた思うところのいっさいを、はるかに越えてかなえて下さることができるかたに、教会により、また、キリスト・イエスによって、栄光が世々限りなくあるように、アァメン」という祝禱をささげたか、という秘密があります。わたくしたちが言葉にして祈った願いに神様が応答してくださる――祈りというものはそういうものじゃないのですね。わたくしたちは、もちろん言葉でも祈ります、しかし、それよりも多く、言い表せないうめきなり思いがあります。さらにまた、自分が思ってもみないこともあるかもしれません。そういう、「わたくしたちが求め――これは口にしたことです――また思う――これは言葉にならないが何かもやもやっと思う――ところのいっさいを、はるかに越えて

──神様は──かなえて下さる」。なぜですか。それは「御霊の思い」をちゃんと読み取っていてくださるからであります。

パウロはコリント人への第二の手紙の一二章八節以下で自分の思い出を語っておりますが、何かひどい肉体のとげをもって撃たれた人であります。これはもう悪魔の業だと悲しんだほどでありました。彼は、この肉体のとげを自分から過ぎ去らせてほしいと三度もキリストに祈りました。ところが一向に肉体のとげは取り去られない。逆に、「わたしの恵みはあなたに対して十分である」というキリストのお返事を受けたというのです。キリストの「力は弱いところに完全にあらわれる」と。だから、むしろわたくしが弱ければ弱いだけ、この弱いわたくしを使ってくださるキリストの恩寵の偉大さが明らかになるのだと言って、パウロは感謝と賛美をささげるのであります。このとき、パウロの得た祈りの答えは、彼が言葉にして〝この肉体のとげを取り去りたまえ〟と祈った求めとは全然違う応答であったのですね。彼が「求めまた思うところのいっさいを、はるかに越えて」、神様の応答は、むしろ彼の内に住む御霊の思いを実現する答えであったのです。

このことをよく理解していただくと、次の二八節の有名な文章にもまた正しい理解が持てる、とわたくしは思います。

「神は、神を愛する者たち、すなわち、ご計画に従って召された者たちと共に働いて、万事を益となるようにして下さることを、わたしたちは知っている」。

口語訳は、「神は」という主語がはっきり書いてあります写本に従って翻訳をしております。新改訳も同じであります。が、むしろここでは、「神は」という主語が書いてなくて、ただ前の文章から続けて「彼は」あるいは「それは共に働く」という三人称単数形の動詞が続いている本文が正しいと思うのです。

その「彼」「それ」と区別して、今度ははっきりと「神を愛する者たちと共に働いて」万事を益にさせる、と書いてあります。こういう書き方の「それ」とは、誰でしょう。前からずっと、御霊が「助けて下さる」、御霊が「とりなして下さる」とありまして、「それは、神を愛する者たちと共に働いて」、と続きますとき、わたくしの素直な読み方では、「それは」とは「神」ではなくて「聖霊は」という主語です。そのはずだと思っておりましたら、数年前に出ました『ニュー・イングリッシュ・バイブル』ははっきりとそのように訳しております。

「共に働く」という動詞は、第三格（与格）の名詞「と共に」使われますが、それがここでは「神を愛する者たち（と）」です。「万事」は単数または複数形の目的格です。主格（フランシスコ会訳）なら複数形なので、単数形動詞「共に働く」とは不釣合いでしょう。

さて、ここで「聖霊が共に働く」と言われておりますす共同作業の相手が、「神を愛する者たち」――これが二七節の「聖徒」たちなのですけれども――この「神を愛する者たち」と言われているからと言って、何か、〝神がわたくしと働き、わたくしも神を愛する〟という神人協力説のように考えられると危険だからというので、パウロはすぐに言葉をつないで「すなわち、ご計画に従って召された者たち」――こちらが「愛する」よりも先にまず「召された」という神様の働きが決め手になっている――と言い換えているのだと、たくさんの研究家がここを注釈してきたのであります。

それももちろんひとつにはあると思うのですが、わたくしはどうもそういう意味ではなくて、聖霊がわたくしの心の中でわたくしの弱さを助けたもうのに、二種類の仕事があって、ひとつは、わたくしの心の中で言うに言えない「うめき」がある、そのうめきを使って神様に訴えてくださることと、第二に、聖霊がわたくしの心の中に「神を愛する」愛情を育ててくださることによって、「万事を益となるようにして下さる」のだと思います。

だいたいパウロが「愛」という言葉を使いますときには、ほとんどが、神が一方的に罪人であるわたしをあわれんでくださる愛を表します。この神様の愛、アガペーに応える人間側のレスポンスは、パウロでは普通は「信仰」という言葉で表現されます。ここと、あと一度だけ、非常に珍しいですが「神を愛するわたしたち」と、こちらの心の動きをパウロは語ります（Ｉコリ八・三）。これは無意味なことではないのだと思います。もともと「神の愛がわたしたちの心に注がれている」のは「聖霊による」のですが（五・五）、その同じ聖霊が、またわたくしたちの心を「神を愛する」愛情に燃え立たせてくださることによって、〝すべては善し〟と告白できるように変えてくださるのだと思います。本人がよいとも思わないのに、客観的にだけ物事を万事よいように取り計らって済ますということはあり得ない。本当に究極的な幸せというのは、もちろん初めは本人はそれを自覚しないかもしれませんが、ついには本人も〝これがよい〟という、心からの神への愛、感謝、満足が本人の心に芽生えない限り、万事が益になったとは言い切れないですね。ですから、パウロは、それを「聖霊が、神を愛する者たちと共に働いて、万事を益となるようにして下さる」のだと、こう言っているのではないでしょうか。

すべてのことが益になりますのは、そのように、わたくしたち自身の心の中に「神を愛する」という思いが芽生え、神への愛にわたくしたちが生きている中で初めて、わたくしの身の回りの人生のさまざまな出来事が積もり積もりめぐりめぐって結局幸せになっている、と言えるのでありまして、神を信じてもいなければ神に向かってつぶやいているような人に、万事が益になるわけはありません。

同じく讃美歌作者として大変有名なジョン・ヘンリー・ニューマン（一八〇一―一八九〇年）というイギリスの枢機卿が十九世紀にいたのですが、このジョン・ヘンリー・ニューマンの歌の中にこういう歌があります。「すべては、よし。汝によりて、かくはなりし。汝は英知にして、汝は愛なり。我、さらに何をか望み得ん」。

自分が作り出したとか、あの人がこうやったとか、そういう恨みつらみや不平や不満や後悔などは、もうすべて消え去りまして、「汝によりて、かくはなりし」。その「汝は英知にして、愛にいます」。ですから「我さらに何をか望み得ん」と、ここまでの幸福感といいますか満足感に導かれますとき、パウロが言います「万事」が「益となる」ということを、わたくしたちは自分の告白としても語ることが許されるのだと思うのであります。

これが、「御霊」のわたくしたちに対する「とりなし」であり、また「助け」であります。

祈ります。

神様。わたくしたちは何と祈るべきかを知らない者でございます。祈っておりましても、そこに空言を感じ、ただ単なる繰り返しを覚えまして、うめき、不安になり、迷う者でございますが、御霊がわたくしたちの内に宿りたもうて、このうめきを用いて、わたくしたちの言葉と思いをはるかに越える祈りの応答を神様から引き出してくださるだけでなく、この聖霊がわたくしたちの心を変えて、神を愛し信頼する思いに導いてくださいますので、やがて、今は読み取れておりませんわたくしたちの益をすべてのことの中に見出すことができる日がまいりますことを、感謝いたします。

どうぞ、わたくしたちが、「すべてはよし、汝によりて、かくはなりし」と告白することができますように、御霊をもってわたくしたちを導き、とりなし、清めてください。

キリスト・イエスの御名を通して、乞い願い奉ります。アーメン。

御子のかたちに似たものとしようとして

神はあらかじめ知っておられる者たちを、更に御子のかたちに似たものとしようとして、あらかじめ定めて下さった。それは、御子を多くの兄弟の中で長子とならせるためであった。そして、あらかじめ定めた者たちを更に召し、召した者たちを更に義とし、義とした者たちには、更に栄光を与えて下さったのである。

八章一七節「もし子であれば、相続人でもある。神の相続人であって、キリストと栄光を共にするために苦難をも共にしている以上、キリストと共同の相続人なのである」。この一七節の文章の中の「苦難をもキリストと共にしている」、このことについて、パウロは一八節から二八節までに詳しく説明してまいりました。

それに対して、同じ一七節の「キリストと栄光を共にする」、このことについて、今日学ぼうとしております二九節と三〇節が語っています。

この間の最後に学びました二八節に「彼は、神を愛する者たち、すなわち、ご計画に従って召された者たちと共に働いて、万事を益となるようにして下さることを、わたしたちは知っている」とございました。この「わたしたちは知っている」という根拠について、今日の二九節と三〇節が「なぜなら」と続けて説明していると理解していただいて結構であります。「ご計画」がどういうご計画かということを、二九節が説明いたします。で、その計画どおり実現してまいりますところが三〇節に列挙されていると、このように読んでいただければよろしいと思います。

二九節「なぜなら、神はあらかじめ知っておられる者たちを、更に御子のかたちに似たものとしようとして、あらかじめ定めて下さったからである」(イ)。

「神はあらかじめ知っておられる者」を、「あらかじめ定めて下さった」。この似たような言葉が繰り返されております文章、初めの方は「あらかじめ知った」という「予知」、後の方は「あらかじめ定めた」という「予定」であります。この「予知」と「予定」について、複雑な神学上の論争が繰り広げられてきたのであります。

もちろん、ここで申します〝神が知っておられます予知、知識〟というのは、神様が全知全能だから何でもご存じだというような知識のことではございません。悪人についても知っている、地獄に落ちる人間についてもご存じである、というような予知ではありません。「予知された者を予定された」というのでありますから、この「予知」とは、あくまでも、すべての人の中からある人々をふるい分けるような性質の知識であります。

では、そのようなある人をふるい分けるように働く神様の予知とは一体何か。この文章そのものから、だから神様は、生まれくるであろうたくさんの人々をあらかじめご覧になって、その中である人が信仰を持つであろうと「予知」した人を救いへと「予定」された、というふうに解釈するたくさんの人たちがございます。

前にも紹介したことがあるゴデーという有名な聖書学者も、ここでそう言っているのです。「確かに信ずると神が前もって知りたもうた人、つまり、その人の信仰を神が永遠から見たもうたところの人を、神は、予定された者つまり大いなる聖定の対象として名指ししたもうたのである」。あの人ならば確実にイエス・キリストを信じてくれるであろうということを予知できるので、その人を予定する。こういう考えであります。これを〝条件付き予定〟と申しまして、口語訳もこの説なのかもしれません。「あらかじめ知っておられる」と訳すと、まるで「あらかじめ定められた」よりも前の過去完了のように聞こえます。しかし、原文はどちらも過去形で、後先の区別はありません。

わたくしどもはこのような考えを退けています。神が人を選びたもうときには、絶対的に無条件で主権的に選びたもう。『ウェストミンスター信仰告白』第三章「神の永遠の聖定について」の五節は、少し長い文章ですが、このことを明らかに告白しております。

「人類の中で命に予定されている者たちは、神が、世の基の置かれる前から永遠不変の目的とみ旨のひそかな計画と満足に従って、キリストにおいて永遠の栄光に選ばれたのであって、それは、自由な恵みと愛とだけから、被造物の中にある信仰・よきわざ・そのどちらかの堅忍・またはその他の何事をでも、その条件やそれに促す原因として予見することなく、すべてその栄光ある恵みの賛美に至らせるために、選ばれたのである」。

それでは、このロマ書の八章二九節ではっきりと「神はあらかじめ知られた者」を「あらかじめ定められた」とある文章は、どういう意味なのか。

カルヴァンは、大変苦しい説明をしております。カルヴァンによれば、後の方の「あらかじめ定めた」というのは、救いへの予定のことを言っているのではない。そうではなくて、「御子のかたちに似たものとすることを定めた」という意味であり、この「御子のかたち」とは苦しみに遭いたもうた受難の御子イエス・キリストのことなのだ。つまり、御子イエス・キリストが苦しみを受け十字架にかかりたもうたのと同じように、苦難を共にするべくわたくしたちを定められた、という意味で、救いへの選びではない。こういうふうに解釈しているのです。

これはやはり、どう見ても苦しい説明でありまして、ここでパウロが「御子のかたちに似たものとする」というのは、言うまでもなく次の三〇節の最後にありますとおり、われわれに「栄光を与えて下さる」ということ、神の御子の栄光のかたちにわたくしたちを引き上げてくださる、つまり永遠の救いに入れてくださるということであります。

それではどうなのか。結局正しいのは、二九節で「あらかじめ知る」という言葉も「あらかじめ定める」という言葉も、実は同じ意味、救いへの選び、救いへの予定を意味しているのだと理解することだと思います。

今日のわたくしたちが「知る」と言いますと何か知識のように考えますが、ヘブル人たちが旧約聖書以来語ってまいりました表現では〝誰それを知る〟ということはただ面識を持つとか知識を持つというのではなくて、「特にねんごろになる」という意味で他の人とは区別して「選んで付き合う」「特に愛する」というような意味でございます。旧約聖書のホセア書の一三章五節に「わたしは荒野で、またかわいた地で、あなたを知った」と言われています。このとき、神様が荒野でイスラエルを選び、わが民とした、という意味ですね。同じことは、アモス書の三章二節にも出てまいります。「地のもろもろのやからのうちで、わたしはただ、あなたがただけを知った。それゆえ、わたしはあなたがたの、もろもろの罪のため、あなたがたを罰する」。世界中にいるいろいろな民族の中でイスラエルだけを神は特に選んだから、あなたがたには特別の責任を問う、こういう意味の文章ですね。ですから、「あらかじめ知った」ということは、結局「あらかじめ選んだ」という意味であります。

ただ、同じとこしえの救いへの選びを語っているのですけれども、初めの「あらかじめ知った」というのが神と人との関係から語るのに対して、後の方の「あらかじめ定めて下さった」という方の「予定」、英語で言うとプレデスティネイションという言葉の方は、特に何に向かって予定したか、デスティニー、行く先を特に際立たせるときに「あらかじめこれこれへと定めた」と言っているわけで（行四・二八、エペ一・五）、何を目指してかというと、それが「御子のかたちに似たものとなる」というデスティニー、運命へと「定め」られたのであります。

「それは、御子を多くの兄弟の中で長子とならせるため」という目的を持った予定である、と言われています（二九節ロ）。

キリストを「長子、初子」と言う例は他にも数回ありますが、「兄弟たちの中での長子」と言うのはここだけです。

ここからわたくしたちは、神の永遠の選びという神秘な教理について、ふたつの大変大事なことを教えられています。

ひとつは、わたくしたちが救いに選ばれる選びは「御子を……長子」とする「多くの兄弟」という神の家族という集団が形成されるためである、と言えます。決して選びというのは、たくさん人類がおりますその人類の大海原の中でぽつんぽつんとひとりひとりを神様が一本釣りで釣ってくださるというような個別的なえこひいきなのではありません。聖書が教えております予定とは、罪の中に滅んでいる人類の中からわたくしたちをとこしえのいのちへと選ぶことによって神の家族を形成させるようにと集める、そういう選びであります。はっきり言うならば、そういう神の家庭に加わらないで、もっとはっきり言うと教会に連ならないで、〝わたくしは神様に選ばれているのならば救われます〟と言ってひとりで孤独に信仰を歩んで、そして天国に行くという道はあり得ない。神様はそのようには選んでおられないのでありまして、必ず、いろんな人を選んだときに、その人たちが神の家庭に来るように、「兄弟」になるようにと選んだのです。

ヘブル人への手紙の二章一一節、一二節はこの連なりを非常に強く主張した聖句であります。「実に、きよめるかたも、きよめられる者たちも、皆ひとりのかたから出ている。それゆえに主は、彼らを兄弟と呼ぶことを恥とされない。すなわち、『わたしは、御名をわたしの兄弟たちに告げ知らせ、教会の中で、あなたをほめ歌おう』と言」っておられる。

第二に、ここから教えられております選びの教理の大事な点は、選びは「御子を……長子とならせる」という、イエス・キリストのためという究極的な目的を持っている、ということであります。

もちろん身近に言いますと、わたくしが選ばれたのはわたくしが救われて天国に行くためです。しかし、わたくしが救われてとこしえのいのちを得るというのは、あくまでも二次的な小さな目的でありまして、神様の究極的な目標は、そのように救われたたくさんの弟たちの中でイエス・キリストという御子を長男という栄光ある位置に就かせること、なのです。選びは、このようなキリストのためという目標を抜きにしては成り立たないのであります。

エペソ人への手紙の一章でパウロは、この選びとキリストとの関係を非常にくどく語っております。一章四節「みまえにきよく傷のない者となるようにと、天地の造られる前から、キリストにあってわたしたちを選び、わたしたちに、イエス・キリストによって神の子たる身分を授けるようにと、御旨のよしとするところに従い、愛のうちにあらかじめ定めて下さったのである。これは、その愛する御子によって賜わった栄光ある恵みを、わたしたちがほめたたえるためである」（四―六節）。

ここによく出ていますように、われわれが選ばれるのはあくまでも「イエス・キリストによって、あって」というキリストを根拠としておりますし、それが具体的に実現していきますのも「イエス・キリストによって」賜わる恵みでありますし、最後の目標もイエス・キリストを「ほめたたえるため」という目的を持っている。ですから、選びというのは、あくまでも父なる神が独り子なるイエス・キリストを土台とし、手段とし、目標ともして貫かれているもの、なのであります。

わたくしたちが、もしわたくしたち自身の幸せを選びの最後の目的というふうにとらえますと、厚かましい人ならばそれで解決すると思うのですが、ちょっと気の小さな、遠慮がちな人であれば、たちまち信仰は持てなくなる。どう考えても、わたくしのような人間をそんなにまでして選んでいただくことはないんじゃないでしょうか、もっとましな人もたくさんいらっしゃいますし、これで何年神様とお付き合いしてもわたくしなどはちっとも神の子らしくなっていかないんですから、こういうわたくしのために「選び」などと言いますと、どうもあんまり厚かましくて信じられない、という動揺が起きるかもしれません。が、しかし「選び」は実はそうではないのであります。神が神ご自身の御子のためにわたくしたちを選び、その弟たち妹たちとすることによって長男イエスの素晴らしさをいよいよ明らかにしたい、そういうご自身の中での目的があるのです。だから、わたくしたちは遠慮することはありません、その神様の「選び」にあずからせていただくのであります。

さて、この神様の永遠の予定が実際に歴史の中に実現し、わたくしたちの人生に手ごたえのある形で現れてまいりますところから、三〇節の文章になるわけです。

「そして、あらかじめ定めた者たちを更に召し、召した者たちを更に義とし、義とした者たちには、更に栄光を与えて下さったのである」。

数珠つなぎに、いろんなことが出てまいります。

最初の「あらかじめ定めた者たちを更に召す」の「召す」は、コーリング、召命する、招きでありります。これには、ふたつの種類が考えられます。

イエス様があるときにおっしゃいましたように「招かれる者は多いが、選ばれる者は少ない」（マタ二二・一四）。つまり「召される者は多いが、選ばれる者は少ない」とおっしゃいました言葉が示していますように、〝教会にいらっしゃい、信仰を持ちなさいよ〟と言って招かれてくる人は、確かにたくさんいらっしゃって、教会にはどんどん洗礼を受けてくださる方が出ますけれども、本当に天国まで持つ選ばれた人というのは、その中の少数者である、とイエス・キリストはおっしゃったわけですね。この場合の、ただ見かけだけ〝いらっしゃいよ、いらっしゃいよ〟という招きに応えて来た者を、〝外的〟つまり上べだけの召し、外的コーリングと呼んでおります。これは、選ばれていない人であっても受けますし、応答することができます。

しかし、今パウロがここで教えておりますのは、あくまでも「あらかじめ定められた者」が召されるという「召し」でございます。これは本当に選ばれた者が受けるコーリングでありまして、このようなものを〝内的な〟、心から変えられて引き寄せられる召し、内的召命、あるいは〝有効な〟つまり効果的、エフェクチュアルなコーリングと呼んでいるのであります。これについては、『ウェストミンスター小教理問答』（問三一）や『大教理問答』（問六七）、『信仰告白』（第一〇章）などで語られておりますから、いろんなところで皆さん、学んでいてくださると思うのです。

パウロは、ローマ人への手紙の一章一節で、わたしは「選び別たれ、召されて使徒となったパウロ」だと自分のことを「召されて」いるのだと語っています。同じく一章七節で、読者のローマのクリスチャンをやはり「神に愛され、召された聖徒一同」というふうに呼んでおります。パウロは、自分にせよ皆さんがたにせよ、内的な有効な召命を受けているのだと信じているわけであります。これは、信ずるほか確かめようがないですね。

さて、そのように本当に心から生まれ変わって召し寄せられた者たちを、神様は「更に義とされる」。

これは、パウロが今まで何度も説明したように、キリストを信ずる信者を正しいと認めてくださる神様の判定であります。これは、神様の目の前におけるその人の立場、身分、地位が変わったということなのですね。それまでは神も知らず神をののしっていた罪人、神様から罰を受ける立場にいた者が、心を入れ替えて神を信じたときに、正しい、善し、と判定していただく身分の変化であります。

これを受けますと次に、「義とした者たちには、更に栄光を与えて下さった」とパウロは言うのです。

プロテスタントの神学の理屈から言いますと、ここにもうひとつ間がありまして、「義とした者たちには、更に」きよめという御業が始まるはずであります。実質的にもだんだんと性質がきよくなっていく〝聖化〟があって、最後に「栄光を与える」〝栄光化〟というゴールに辿り着くはずであります。

パウロはこの〝聖化〟と〝栄光化〟を区別いたしませんで、それはただ程度の差だけだ、身分を変えられた者が内実までそれらしくだんだんだんだんきよくされていくわけですから、それの完成いたします栄光化だけをここでは語ったのだ、と言われます。わたくしはむしろ、パウロの神学では「義とする」ことの中に聖化を含めていたのだ、と考えています。「義とする」ことは〝罪のゆるし〟と〝信仰を義と数えること〟と〝新しいいのちを与えること〟を含んでいましたから（四・七―八、五、五・一八）、そのいのちの順調な成長がいわゆる聖化なのです（六・一九、二二）。

さて、いずれにしても、わたくしどもが三〇節の数珠つなぎの文章を読みまして覚えたいことが、ふたつございます。

それは第一に、パウロは、神様が永遠の御旨の中である人を特別に知り予定に入れたもうたならば、この神様の予定が、「召す」というところから実際に歴史の中、人生に実現し始めると、「召した」ならば「義とし」、「義とした」ならば「栄光を与える」というふうに、とんとんとんと神様の御旨が実現していく、と一気に階段を昇り切るように神様の御業を語るということであります。神様の予定の実現と完成は、そういう意味では確実であります。

今わたくしどもも、この御業の途中のところにいるわけです。階段を一段か二段か昇ったあたりのところにいるわけで、まだまだ上を見上げると天国まで、ふうっと息を吹きたくなるほど遠いのであります。しかし、わたくしたちは少なくとも神様に召され、信仰をもって義とされるという階段を一段二段と上がって来たのであれば、神様の永遠の選びは確かに着実に実現しつつあるわけですから、わたくしは選ばれているわけです。ならば、わたくしは栄光を得ることは確実なのであります。このことが、第一に教えられていることであります。

第二に覚えたいことは、しかしパウロは、予定された人は確実に救われますと言いますときに、その何もかもを「予定」から説明していないのです。「あらかじめ定めた者を召し、あらかじめ定めた者を義とし、あらかじめ定めた者を栄光化する」、というふうにひとつひとつ予定から説明はしないですね。そうじゃなくて、あらかじめ定めた者を召すと、召された者は義とすると、義とされたら栄光化するというふうに、その途中のところがひとつひとつ大事なものとされているのです。原文は非常に丁寧です。「あらかじめ定めた者たちを、それらをまた召した。そして、召した者たちを、それらをまた義とした。そして、義とした者たちを、それらをまた栄光あらしめた」。それはそうです。階段の一番下から一番上まで上がり切るのに、その一段一段を確実に踏みしめていないと上には上がれないわけでありまして、ただ下から上までぽんと一足飛びに飛び上がるわけにはいかない。一段一段を着実に踏んで行くことが上に上がる保証なのです。ですから、わたくしたちは、選ばれているからもう大丈夫、放っておいてもすっと行くだろうと、予定の教理を間違って理解するのではなくて、召されたならば信じて義とされる、義とされたならば次は栄光に向かっていく、という一歩一歩を大切にしていかなければなりません。

さて、最後にパウロは、「栄光を与えて下さったのである」と過去形を使っております。普通ならばこれはむしろ、終末において「栄光を与えて下さるであろう」という未来形で書かなければならない最後の段階ですね。

実は、ユダヤ人たちは面白い言葉を持っておりまして、日本語もわたくしは同じ系統に属すると思うのですが、ユダヤ人の言葉も日本の言葉も過去形、現在形、未来形という時の区別を持ちません。〝あした、あなたの家に行ったとき、あの本返してよ〟というような言い方をしますね。あしたのことでも〝行ったとき〟と日本語では言えるのです。確かに辿り着いた時を頭の中で考えている場合は〝行った〟という完了した形で動作を語ります。ヘブル語も全く同じでありまして、そのことが確実に起こり、もう起こってしまったかのように確信を持って語るときには完了形を使って語るのです。有名なクリスマスの預言でありますイザヤ書の預言がありますね（九・五）。「ひとりのみどりごがわたしたちのために生れた。ひとりの男の子がわたしたちに与えられた。その名は、云々」、というあの預言は「生れた」と言いますが、実際には八百年も後のクリスマスでやっと実現したのです。しかしイザヤは、それがもう起こったかのように確信しておりますので、「ひとりのみどりごが生れた」

と言うわけです。

ユダヤ人パウロも今、「栄光を与えられる」のは時間的にはまだ先のことなのですけれども、もう予定されていたならば召されたのだし、召されたならば義とされたんだし、義とされたのならばもう絶対ゴールに辿り着くことは確実だと信じておりますので、「栄光を与えて下さったのである」、と言い切っているわけであります。ですから、実は「あらかじめ定めた」も「召した」も「更に義とした」も、すべて、「栄光を与えて下さった」と同じ〝確実性の過去形〟で書いてあるのです。

さて、この「栄光」はどういう栄光なのか。それが、先ほど二九節でも見たように「御子のかたちに似たもの」とされるという栄光であります。

「かたち」は英語アイコンの語源となった言葉「エイコーン」で、一章二三節では「像」と訳されていました。

「似たもの」は「共なる様、一緒の姿」という言葉で、もう一度だけ出るピリピ人への手紙三章二一節では「同じかたち」と訳されます。同じ姿になるのです。

最後に一か所だけ、コロサイ人への手紙の一章一五節以下を見ていただきたいと思います。「御子は、見えない神のかたちであって、すべての造られたものに先だって生まれたかた――長子――である。万物は、天にあるものも地にあるものも、見えるものも見えないものも、位も主権も、支配も権威も、みな御子にあって造られたからである」（一五―一六節イ）。一八節「そして自らは、そのからだなる教会のかしらである。彼は初めの者であり、死人の中から最初に生まれたかた――長子――である。それは、ご自身がすべてのことにおいて第一の者となるため」だとパウロは言います。

ここは大変面白いところですね。イエス・キリストという方は、神様が昔、天地を創造されましたときにも、他の何よりも早く生まれた方つまり「長子」であられました。それからイエス・キリストは、罪の滅び、虚無に服したこの現実の世界からわたくしたちを救い出すときに、その救いの御業、第二の創造においても「教会のかしら」つまり救われた者たちの長子になられます。さらにキリストは、このクリスチャンたちが復活する完成された天国においても、やはり復活する者の「長子」でありたもう。

創世記の一章によれば、神は神のかたちにかたどって人類を創造されたのであります。しかし、神のかたちにかたどられたはずの人間はたちまち神に背きまして、罪の中に滅びました。実は、あの「神のかたち」の原型はイエス・キリストであったのです。そうしてイエス・キリストは、今度はご自分のかたちにわたくしたちが似るようにと教会を救い取ってくださいました。復活において、栄光のからだをわたくしたちに与えてくださいますその初穂となり第一人者となるために、わたくしたちに先駆けてよみがえってくださったのであります。ですから、この「御子のかたちに」わたくしたちが「似せて」造り上げられました時、神様の人類創造のあの初めの夢は本当の意味で実現するわけであります。パウロは、この栄光の時、神様の人間創造の目標が本当に実現いたします時、それを確実なものとして語っているわけであります。

このような希望が確実に目の前にあるのでありますから、わたくしたちが、今キリストと共に「苦難」を受けておりましても、キリストと共に「栄光」を受けるのだから、決して今の時の苦しみや不安や問題でもって、現在一段上り二段上り三段上って来た歩みをいい加減に放棄してはならない。神様に本当に選ばれている者は、必ずキリストと共なる「栄光」へと入れていただけるのであります。

祈ります。

神様。たくさんの人がおります中で、何の幸いか、あなたはとこしえからわたくしたちを愛をもって知り、選び分け、しかもイエス・キリストの栄光のかたちに似るようにと予定してくださいましたことを、感謝いたします。

それが確かにわたくしたちのこの身の上に実現し、わたくしたちは既に召され、そうしてあなたを知り信じる者とせられ、神様によって正しい神の子の身分に移し変えられました。ですから、今、この信仰の歩みの中で、わたくしたちはまだ、からだのあがなわれることを待ち望んでうめき、いかに祈るべきかをも知らぬ弱さの中にいるのでありますけれども、必ずわたくしどもは最後の栄光を確実に与えられる者であることを、今日の御言葉を通して保証していただきまして、心から感謝いたします。

どうぞ、わたくしどもが、この今歩みつつあります信仰の道をしっかりと大事に歩むことができますように。そうしてやがて、御子イエス・キリストを長男と仰ぎ、神と御子イエス・キリストの栄光をとこしえまでほめたたえる素晴らしい神の家庭を実現することができますように、忍耐を持ち、望みを持って、今の信仰の馳せ場を走らせてください。

キリスト・イエスの御名を通して、乞い願い奉ります。アーメン。

八章三一—三九節

勝ち得て余りがある

それでは、これらの事について、なんと言おうか。もし、神がわたしたちの味方であるなら、だれがわたしたちに敵し得ようか。ご自身の御子をさえ惜しまないで、わたしたちすべての者のために死に渡されたかたが、どうして、御子のみならず万物をも賜わらないことがあろうか。だれが、神の選ばれた者たちを訴えるのか。神は彼らを義とされるのである。だれが、わたしたちを罪に定めるのか。キリスト・イエスは、死んで、否、よみがえって、神の右に座し、また、わたしたちのためにとりなして下さるのである。だれが、キリストの愛からわたしたちを離れさせるのか。患難か、苦悩か、迫害か、飢えか、裸か、危難か、剣か。

「わたしたちはあなたのために終日、
死に定められており、
ほふられる羊のように見られている」

と書いてあるとおりである。しかし、わたしたちを愛して下さったかたによって、わたしたちは、これらすべての事において勝ち得て余りがある。わたしは確信する。死も生も、天使も支配者も、現在のものも将来のものも、力あるものも、高いものも深いものも、その他どんな被造物も、わたしたちの主キリスト・イエスにおける神の愛から、わたしたちを引き離すことはできないのである。

ローマ人への手紙も、だいぶ長い間かかって、やっと八章の終わりでありわます。全部で十六章ございますから、分量から言いますと今日のところがちょうど中ほどでありまして、まだ前途程遠しという気がするのでありますが、この手紙は、初めの序文が済みますと、一章一八節から一一章までがキリスト教の教理を説いておりますす大事なところであります。そこから後、一二章からは、その教理に基づいたキリスト教的な実践と生活を具体的に教え諭しまして、手紙が終わっているわけです。教理編と生活編とふたつの部分から成り立っている大邸宅である、と言ってよろしいと思います。

その母屋にあたります教理的な部分、一章一八節から一一章までは、これもまた大きく三つの部屋割りに分かれております。その第一の部屋が、一章一八節から三章二〇節まででありまして、ここは人種・民族の差を問わずすべての人間が神の前に罪人であるということを論証する部分であります。第二の奥の部屋が、ロマ書の最も重要なところでありますが、三章二一節から今日の八章の終わりまでであります。ここではユダヤ人、ギリシヤ人、日本人を問わず、またいつの時代の人を問わず、すべての人間が罪の中からどのようにして救われていくのかという、個人個人の救いに関わる真理、これを「キリストの福音」とパウロは呼んでいるわけですが(一五・一九、Ⅰコリ九・一二、Ⅱコリ二・一二、九・一三、一〇・一四、ガラ一・七など)、これを教えている部分でございます。一番最後の三番目の部屋が、九章から一一章でありまして、これはもっと大きく神の選びの民イスラエル民族の救済の歴史を通して神様の恩寵とさばきとを語る、そういう部分であります。

さて、今日お読みした八章三一節から三九節までは、この教理的な部分のちょうど中央の段落、個人の救済の原理を教えましたところの最後を飾ります、非常に有名でまた雄大な〝パウロの勝利の歌〟と言われるところであります。

「それでは、これらの事について、なんと言おうか」（三一節イ）。

この「これらの事」とは、もちろん広く言いますと三章二一節からここまで縷々解き明かしてまいりました個人の救済の原理の全体を受け止めておりますが、直接的には八章一八節から学んできました現在、地上ではわたくしたちがキリストと共に苦難を経ている中でわたくしたちが見出すことのできるさまざまな慰めと励まし、これを学んできまして、「これらの事について、なんと言う」ことができるだろうか、と言って最後の凱歌を挙げるわけであります。

ある有名なロマ書の研究家が言っておりますが、「著者が読者と同じように一八節から上ってきた慰めの階段の最高の段である」。そういうふうに説明しております（F・A・フィリッピ、一八〇九—八二年）。

で、やっと上り切ったその最後のところは、ローマ・ギリシヤの雄弁術において有名なディアトリベーと呼ばれる技術——聴衆に呼びかけ、あるいは問いかけいたしまして訴えていく、語り手と聞き手の間でどんどん対話が繰り広げられていく手法——で勝鬨《かちどき》を挙げるところであります。「なんと言おうか」と問いかけましてから、続々とパウロの問いが続いて（三一ロ、三二、三三イ、三四イ、三五節イ）、最後に、何者も「神の愛から、わたしたちを引き離すことはできない」という確信に満ちた結論へと上りつめるわけであります。

三一節から三四節までをお読みします。「それでは、これらの事について、なんと言おうか。もし、神がわたしたちの味方であるなら、だれがわたしたちに敵し得ようか。ご自身の御子をさえ惜しまないで、わたしたちすべての者のために死に渡されたかたが、どうして、御子のみならず万物をも賜わらないことがあろうか。だれが、神の選ばれた者たちを訴えるのか。神は彼らを義とされるのである。だれが、わたしたちを罪に定めるのか。キリスト・イエスは、死んで、否、よみがえって、神の右に座し、また、わたしたちのためにとりなして下さるのである」。

「だれがわたしたちに敵し得ようか」、だれも敵し得ない。こうパウロは断言しております（三一節ロ）。

これは、「わたくしたちに敵する」者が現れないとか、あるいは、もうクリスチャンに敵対する者は実際問題としていない、というようなことを言いたいのではありません。三五節でパウロが列挙しますように、患難、苦悩、迫害、飢え、裸、危難、剣、さまざまなわれわれに敵する力が現実には襲ってくるのであります。ただ、二八節で学びましたように、御霊は「神を愛する者たちと共に働いて、万事を益と」ならしめてくださいますので、そのようなわれわれに敵して襲ってまいりますいろいろな出来事でありましても、最後的には皆わたくしに益するものに変えられてしまう。だから、効果的に決定的にわたくしたちを屈服せしめることは誰もできないのであります。

このパウロの確信には、「もし、神がわたしたちの味方であるなら」という前提条件があるのですね。この「神が——本当に——わたしたちの味方」に付いていてくださるということを論証いたしますのが、三二節であります。「ご自身の御子をさえ惜しまないで、わたしたちすべての者のために死に渡されたかた」なのだから、「どうして、御子のみならず――それよりもっと安物であります――万物をも賜わらないことがあろうか」。

当時のユダヤ教が神様への信仰と献身の理想として語っておりましたものに、創世記の二二章に書いてあります、族長アブラハムが年老いてから、愛するたったひとりの息子イサクをモリヤの山で燔祭としてささげよと神様に要求されまして、彼がそれに本当に素直に、ばかみたいに素直になりまして、かけがえのないひとり子をささげようとした、あの出来事がございます。創世記二二章一二節で、このアブラハムが自分の年寄り子である一粒種イサクと共に山に上って、祭壇を築いて、そしてわが子を縛り上げて、やいばをもって殺そうとしたときに、神様は御使いを遣わしてアブラハムの手を止められます。あなたが「あなたの子、あなたのひとり子をさえ、わたしのために惜しまないので、あなたが神を恐れる者であることをわたしは今知った」と、おっしゃいました。アブラハムが「ひとり子をさえ、惜しまない」ということは、アブラハムが何者よりも神を大事にするということの証拠であります。逆に、神様がご自身の御独り子さえ「惜しまない」でわたくしたちのために犠牲にされるということは、神様がわたくしたちを何者よりも重んじてくださり愛していてくださることが今分かる、何よりもの証拠であります。そういう神様が、「どうして、万物をも賜わらないことがあろうか」。

裁判官が、被告に当然な刑罰を宣告しないで、ちょっとそれよりも軽くしてやりますとき、さばき人はその罪人を「惜しんだ」と申します（一一・二一―二二、Ⅱコリ一・二三、一三・二、Ⅱペテ二・四―五）。神様が「御子をさえ惜しまない」と言いますのは、もう徹底的に懲らしめを授け、罰にとことんまで追いやった、という意味であります。

イザヤ書の五三章にキリストの預言がございますが、イザヤ書五三章一〇節で「しかも彼を砕くことは主のみ旨であり」と預言されております。「彼を砕くこと」が神様の「み旨」であり、「喜び」である、という言葉であります。そんなことはあり得ないのでありますが、神様はわたくしたちのために御子イエス・キリストを罰に投げやることをむしろ「喜び」たもうというほどに、何の仮借もなく惜しげもなく「死に渡し」たもうたのであります。

それとは反対に、「どうして、御子のみならず万物をも賜わらないことがあろうか」という「賜わる」とは、恵みから一方的に「プレゼントをする、贈り物をする」という言葉であります。御子を罰するときには何のためらいもなく徹底なさった神様が、今度はわたくしたちにすべてを与えてくださいますときには、全く気前のよいプレゼントとして、すべてのものを与えてくださらないことがあるだろうか。

このときの「万物」とは、二八節で言われておりましたように、現在わたくしたちに「敵し」て襲ってきます患難や苦難や迫害や飢えや剣でさえも「万事を」結局「益となるようにして下さる」という、そういう勝利のことを言っているのか。それとも、もうひとつ別の考えは、ここで言う「万物」とは、二八節の「万事」とは意味が違って、三〇節に語られていたように、神様がいのちに選んだ者を召したり義としたり栄光を授けたりなさる、すべての救いの祝福のことを意味していると限定して解釈するか。ふた通りの理解があるようであります。

いずれにしても、パウロがここで言っていることは、何も、この世の終わりになって万物を「相続する」というような、そんな遠い遠いこと（一七節）を言っているのではなくて、「敵する」者が多い現実に苦しんでおりますわたくしたちへの慰めとして、「神」はイエス・キリストに添えてすべてのものをわれわれに賜わる「味方」なのだ、と励ましているのだと思います。

三一節で「味方であるなら……敵し得ようか」と訳されていた「味方である」「敵する」という言葉は、何もそういう動詞が使ってあるわけではなくて、ただ、誰それ「の肩を持って」とか、あるいは誰それ「に逆らって」という前置詞が使ってあるだけでありまして、この一組の言葉は、法廷における争いを表すのに使われた言葉遣いであります。そこでパウロは、三三節、三四節にまいりますと、それをはっきりと「訴える」「義とする」「罪に定める」という純粋に法廷闘争のたとえをもって語ろうとしています。

「だれが、神の選ばれた者たちを訴えるのか。神は彼らを義とされるのである。だれが、わたしたちを罪に定めるのか。キリスト・イエスは、死んで、否、よみがえって、神の右に座し、また、わたしたちのためにとりなして下さるのである」。

問いと答え、問いと答えと美しく並んでおりますが、神経質に言いますと、例えば三四節の「罪に定めるのか」という言葉の本当の対立は、むしろ三三節にありました「義とする」ということですね。それから、三三節の「訴えるのか」という言葉に対応する本当の言葉は、むしろ三四節のお尻にあります「とりなして下さる」という言葉であります。ですから、言葉の上から言うと少しちぐはぐでありまして、必ずしも、うまく二組にはなっておりません。そのために翻訳聖書を読みますと、実にさまざまな翻訳がここにございまして、それぞれに面白い、また優れた点があると思うのですが、まあここでは一応口語訳のとおり読んでおきたいと思います。

いずれにしても、ここでパウロが言っておりますことは、「神」がわたくしたちを「義とされる」からには、「だれ」もわたくしたちを「訴える」ことはできない、ということであります（三三節）。

考えてみると、わたくしたちが日常生活の中でいろいろ心を傷つけられたり、非常に不愉快になったり、あるいは慌てふためいたり、不安になったりすることが多いと思うのですが、その多くは、人々との付き合いの中で「訴え」られているのではないか、何も正式な法廷にまでは行かなくてもプライベートな関係で、誰それさんはわたくしをできれば「訴え」たいのではないか――するかしないかは別として――そういう対人関係における恐怖、不安というものが、非常に多いのではないかと思うのです。職場において、家庭において、あるいは親族との付き合いにおいて、あるいはご近所の付き合いにおいて、ＰＴＡにおいて、もういろんなところでの対人関係でわれわれの心は傷つけられるのであります。

パウロは、本当にそういう意味では人間と人間との付き合いでいろいろな嫌な目をしたチャンピオンではないかと思うほどに、彼の手紙のあちこちを見ますと傷つけられている人ですね。コリントの教会から悪口を言われ、ガラテヤの教会からは背かれ、文字どおり法廷に訴えられたことだって何度でもある人です。ですから彼が、「だれが、神の選ばれた者たちを訴えるのか。神はわたしを義とされるのだ」と申しますのは、決して、決して、文学的な美辞麗句ではなくて、本当に彼がどういう中にあっても動揺しないで自分というものをちゃんと持ち続けられた秘密なのだと思います。

人のあれやこれやの声や批判や何かを恐れるのではなくて、究極的にはいつも〝見えざる神がわたくしを正しいとしていてくださる〟〝キリスト・イエスの贖いによってもうわたくしは罪をゆるされている〟、このことが、いつもいつも思い出されて、わたくしたちを安らかに確立させてくれるのではないかと思うのであります。

イザヤ書の五〇章七節以下に、イエス・キリストを預言いたします〝受難のしもべ〟自身のせりふとして、同じ言葉が出てまいります。「しかし主なる神はわたしを助けられる。それゆえ、わたしは恥じることがなかった。それゆえ、わたしは顔を火打石のようにした。わたしは決してはずかしめられないことを知る。わたしを義とする者が近くおられる。だれがわたしと争うだろうか、われわれは共に立とう。わたしのあだはだれか、わたしの所へ近くこさせよ。見よ、主なる神はわたしを助けられる。だれがわたしを罪に定めるだろうか」（七―九節イ）。

このとき、受難のしもべは、そのすぐ前（六節）で描いておりますように、ほおを打たれ、背中を打たれ、ひげまで抜かれるというような傍若無人な辱しめを人々からは受けているのですね。しかし、彼は〝もうわたしはてんとして恥じない、顔を火打石みたいにするんだ。何ゆえかなれば、わたしの味方が近くおられる、わたしを義とする神がおられるからだ〟と言うのであります。

もうひとつパウロは、「キリスト・イエス」がわたくしたちのために「死んで」くださっただけではなく、「否」、それ以上に「よみがえって」、今生きて、「わたしたちのためにとりなして下さる」（三四節）。だから、人間があれやこれやとわたくしたちのあらを探してきて、いろいろ罪を申し立てても、大丈夫なのだ、と励ますのであります。ここと二七節の「とりなす」と訳される言葉は、二六節の「とりなす」と訳された独特の言葉ほど強くない、普通の「出会う」「訴え出る」（行二五・二四）

という言葉です。

この前学びました二六節のところで、「聖霊」がクリスチャンの心の中で「とりなして下さる」という、わたくしたちの「内で」なされておりますが、御霊の助けが語られたのでありますが、今日のところでは、わたくしたちのために「死んで」くださった「キリスト・イエス」が、死さえも克服して「よみがえり」、今「神の右」におられて「わたしたちのためにとりなしていて下さる」。人があれやこれやとわたくしの罪をあげつらいますときに、キリストは、〝父なる神よ、思い出してくださいよ。わたしは、榊原のためにもう死んだのです。わたしが十字架で榊原のあの罪のためにはもう償っているはずだ〟、そういうことをいちいち神様に言ってくださって、キリストは絶えず絶えずわたくしを助けてくださるのであります。

このキリストのとりなしを教えておりますもうひとつの有名な箇所は、ヘブル人への手紙の七章二五節であります。「そこでまた、彼――キリスト――は、いつも生きていて彼らのためにとりなしておられるので、彼によって神に来る人々を、いつも救うことができるのである」。十字架による罪の償いは二千年昔であります。けれども、そのキリストは死んでよみがえり、今「生きて」おられる。あの、二千年昔の十字架の死は今のこの人のこの罪のためにも償ったのだということを、いつもいつも「とりなす」ことができますので、わたくしたちは決して動揺する必要がないのであります。

ここまでは、神様が「わたしたちの味方である」という神様の愛に訴えて、わたくしたちを慰め励ましたのでありますが、次の三五節から終わりまでは、わたくしたちのために死んでよみがえってとりなしていてくださると言われたキリスト・イエスの愛、「キリストの愛から」わたくしたちは離れない、また離されない、ということを語る部分であります。

「だれが、キリストの愛からわたしたちを離れさせるのか。患難か、苦悩か、迫害か、飢えか、裸か、危難か、剣か」(三五節)。

ここで言う「キリストの愛」とは、三七節で「わたしたちを愛して下さったかた」と言うように過去形で表現されています。それは言うまでもなく、特に二千年昔の十字架の死で表現された愛情を語っているからですね。「キリストの愛」と言いますときには何よりも、わたしのために死んでくださったというひとつの過去の出来事によって愛情が表現されプロポーズされた、そういう愛であります。「神」が「わたしたちの味方である」ということは、結局はこのキリストの十字架の愛という表現によって確認できることでございます。したがって最後の三九節にまいりますと「わたしたちの主キリスト・イエスにおける神の愛」と、はっきりと言われています。

パウロは、この「キリストの愛」からわたしたちを離れさせる可能性のあるものとして、「患難、苦悩、迫害、飢え、裸、危難、剣」というさまざまなものを列挙しております。

彼がこれらを列挙するからといって、何も当時手紙の読者でありますローマ教会員が、現実に「裸」にされているとか「剣」で首を切られているとかという、それほどの迫害の最中にいたというわけではございません。しかし、少なくともこの手紙を送っておりますパウロ自身は、各地の伝道旅行の中で本当にここに列挙されたものはもうとっくに受けているし、これ以上のものを体験した人でございます。ですから、今はまだあなたがたに襲わないかもしれないけれども、まかり間違えばいつでもすべてのクリスチャンが体験しかねないものとして、こういうリストを挙げたわけであります。

コリント人への第二の手紙の一一章二三節以下のところに、パウロ自身の遭遇したさまざまな苦しみが列挙されておりまして、よくもまあこれでパウロは死ななかったと思うほどであります。「苦労したことはもっと多く、投獄されたこともも っと多く、むち打たれたことは、はるかにおびただしく、死に面したこともしばしばあった。ユダヤ人から四十に一つ足りないむちを受けたことが五度、ローマ人にむちで打たれたことが三度、石で打たれたことが一度、難船したことが三度、そして、一昼夜、海の上を漂ったこともある。幾たびも旅をし、川の難、盗賊の難、同国民の難、異邦人の難、都会の難、荒野の難、海上の難、にせ兄弟の難に会い、労し苦しみ、たびたび眠られぬ夜を過ごし、飢えかわき、しばしば食物がなく、寒さに凍え、裸でいたこともあった。なおいろいろのことがあった外に、日々わたしに迫って来る諸教会の心配ごと」まであるのであります（二三―二八節）。

パウロはこのような自分自身の体験から出てまいります具体的なリストに加えて、最後に三八節ではもっと抽象的に「わたしは確信する。死も生も――この場合の「生」というのは、もちろんこの苦難の多い地上の生を生きるという意味の生であります――天使も支配者も、現在のものも将来のものも、力あるものも、高いものも深いものも、その他どんな被造物も、わたしたちの主キリスト・イエスにおける神の愛から……引き離すことはできない」というのであります（三八―三九節）。

「現在」「将来」と言いますと、時間的にずっとこれからの歴史、それから「高いもの」「低いもの」というと空間的にこの天地の広がり、というふうに解釈なさる方がありますが、わたくしは、パウロがここで言っておりますことは、そういうふうに散文的な読み方をしては面白くないのではないかと思います（Ⅰコリ三・二一―二三、コロ一・一六参照）。

パウロは、もともと三五節の問いかけで、「だれが」キリストの愛から離すのでしょう、と問うたのであります。〝何が〟ではないのです。空間ですか時間ですか、そんなものがわたくしを「キリストの愛から離す」のでしょうか。パウロが心配しておりますのは、もっと人格的な、もっと霊的な力であります。「だれが」、キリストの愛からわたしを引き離すような悪魔的な誘惑の力を持っているのだろう。その何者かが、あるいは患難、苦難、迫害、飢え、裸、危難、剣という道具を使うかもしれません。しかしパウロが本当に心配しておりますのは、そういう「飢え」というような生理的現象ではないのです。「剣」というような物質的な道具ではないのです。それを道具にして「キリストの愛からわたしたちを離れさせよう」と誘う悪魔的な霊の力であります。

ですから、「天使も支配者も」と言います「支配者」とは、パウロの手紙にたびたび出てくるあの「空中の権」を握る霊の支配者であります。しばらく後に出てきます「力あるもの」（三八節）、これは他の箇所では「権力」とか「権勢」と訳される言葉でありまして、パウロによれば、「空中の支配者、権威、権力」といえば、サタン的なもろもろの霊力のことであります（Ⅰコリ八・五、一五・二四、エペ一・二一、二・二、三・一〇、六・一二、ピリ二・一〇、コロ一・一六、二・一〇、一五など）。

ですから、「現在・将来・高い・低い」と言いますのは、決して時間と空間のことを言っているのではなくて、むしろ現在と将来の運命を決するようなもの、あるいは高い天上、深い陰府、死後の運命を決するような力であります。古代の人々はそれを、天体的な霊の力と信じていたのであります。パウロはここで、そのようなローマの人たちが信じております迷信的な星占いや天体的な霊の力を本当にあるのかないのかむきになって議論しようとは思っておりません。しかし、とにかく浮世の人間たちが最も恐れているもの、現在と将来の運命を決し、高いところも深い陰府の運命も決するもの、あの天使とか支配者とか権勢とかと呼ばれる悪霊ども、そのような、この世の人が最も恐れる不気味なものでさえも、キリスト者を「キリストの愛」からは決して「引き離すことはできないのである」と、彼は言いたいのであります。

「勝ち得て余りがある」と、パウロはこの確信を三七節で言い切っているのですね。

「勝ち得て余りがある」。ここにしか出てこない、日本語で訳せない単語だと思うのですが、「勝っている、勝利している」という形容詞に「スーパー」という言葉を頭にくっ付けた言葉です。今「スーパー」というと買い物をする所みたいになっていますが、これはもともとギリシヤ語・ラテン語でありまして、最上級、最高級という意味であります。「スーパーな勝利者、スーパー・ヴィクター、最高の勝利者」、これを言ったわけです。

われわれクリスチャンが、「これらすべての事において」どんな道具を使った誘惑や迫害であれ、またどれほど後ろ暗い不気味な力が背後に潜んでいるようなものであれ、いつでも最高級に勝利する、というこの確信を論証いたしますのに、三六節で詩篇四四篇の二二節を彼は引いています。

「わたしたちはあなたのために終日、死に定められており、ほふられる羊のように見られている」。

パウロは、この詩篇を引用することによって、ふたつのことを読者に知らせたいわけであります。

ひとつは、神を信ずる者がこの地上の旅の途上で苦しみに遭うということは、何もローマの皆さんがたが今、急に初めて遭遇することではない。もう何百年も昔から、旧約聖書の信者たちが既にそうだ。これはいつでも、神を信じ神を畏れて生きる巡礼者の姿なのだということを、ひとつ教えたいのですね。たくさんの信仰の父祖たちは、われわれ以上の苦難の旅の中で勝ち得て余りがあったのであります。だから、わたくしたちだって、どうして、わたくしたちを愛してくださった方から離れることがあろうか。

第二に、特にわたくしたちが地上でそのような苦しみに遭いますのは、「あなたのため」、主のためであります。ですからこの苦難は、望ましくない嫌なものと言うよりも、むしろその苦難によってわたくしたちがいよいよキリストのためであるということが分かる、キリストにいよいよ近く結び合わされていく機会なのだ。人に訴えられ、人から罪に定められ、人々がわたくしたちに敵すれば敵するほど、わたくしたちの思いは、〝神がわたくしの味方なのだから、神がわたくしを義とされたのだから、キリストがわたくしのために死んでくださったのだから、否、キリストは今わたくしのためにとりなしていてくださるのだから〟という信仰的な慰めへと追いやられてまいります。だからわたくしたちは、いつも最高の意味で勝ちを収めるのであります。

わたくしたちが地上の人生を歩みますときにさまざまな争いや苦しみに遭うということは、人の世の常でありまして、クリスチャンであってもなくても味わうものであります。そのときに、宗教によっては解答の与え方がかなり違うと思うのです。

厄除けをいたしますす宗教というのがありますね。地上の生活には現実にいろんな災難や苦難や危害があるんだから、だからこの神様を拝み、このお札をもらえば、無病息災・商売繁盛・家内安全、苦難と危難は遠ざかってくれるのだ、と申します。つまり敵がなくなる、と約束する宗教がございます。おおむね、これらは大変低俗なものでありまして、キリスト教はこの種の約束をいたしません。敵はある。

しかし、今度はもうひとつ、キリスト教の中に起こってくる間違った解答があります。それは、確かに敵するものはある、苦しみやいろんな問題は起こってきますが、神は神を愛する者たちと共に働いて万事を益に変えてくださいます。祈れば、必ず、いい解決をしてくださいますと申しまして、万事を益に変えてくださる変え方を、何と言いますか、非常に即物的に具体的に考える、というキリスト教の理解の仕方があります。これは、おおむね非常に熱狂的に祈るタイプのクリスチャンに多いのですが、わたくしに言わせればキリスト教エゴイズムでありまして、もし、本当に万事がクリスチャンにとって都合が良いように皆変わっていきますと、ノン・クリスチャンの人にはまことにお気の毒なことばっかりが起こってくるわけですね。

パウロは、そのような意味で客観的に具体的に好転するなどとは言っていないのです。相変わらず、敵するもの、苦労するものは起こる。裸になることもあれば、飢えることもあれば、危難も剣も襲ってくる。状況は全然変わらない。状況と出来事はノン・クリスチャンと同じなのですけれども、ただ、その意味が違う。われわれに何者も敵し得ない。さまざまな苦しみや問題が、わたくしたちをキリストの愛から離れさせない。われわれはそういう中で「勝ち得て余りがある」という信仰的な新しい解釈ができます。新しい確信があります。神がもしわれらの味方であるならば、問題になる出来事はいっぱい起こってくるのですけれども、それは絶対に、わたくしに最後的な意味で敵し得ないし、損ない得ないのであります。この勝利感が与えられるという点に、キリストによる解決があるのでありま す。

注意をしていただきます。このキリスト教的な解決は、パウロに言わせるならば、決して〝わたくしたちが神の味方であるならば、わたくしたちがキリストを愛するならば〟、と約束されているのではありません。神がわたくしの味方であるのだから、キリストがわたくしを愛してくださったのだから、その勝利があるのであります。わたくしがどれだけ、浮世の人生の中で神様に味方したか、わたくしがどれだけキリストに味方してものを見たか、というのではないのです。そんなものであれば、あやふやなものです。人間の気持ちなんていうのはもうころんころん変わるんですから。確実なのはただ、神がわたくしの側に立ち、神がわたくしの味方でありたもうということです。イエス・キリストが二千年の昔にわたくしのために死んでくださいました。今はわたくしをとりなしていてくださるということ、このことは、わたくしたちの移ろいやすい感情や心理とは無関係に事実なのです。

だから、「勝ち得て余りがある」のでございます。

祈ります。

神様。わたくしたちに敵するものが多い時代の中で、わたくしたちを損なうさまざまな問題がわたくしたちを取り巻いて起こってきますこの現実の社会の中で、神はわたくしたちの側に立ち、神はわたくしたちを義としてくださり、キリストはわたくしたちをとりなしていてくださいますことを信じて、感謝をいたします。

まことに神が、それほどにわたくしたちを愛していてくださり、キリストがそれほどにわたくしたちを愛していてくださったのならば、いかなるものも、わたくしたちをこの愛から引き離して救いから滅びへと連れ去ることはできないということを、わたくしたちは確信することができます。

どうぞ、わたくしたちが、「すべての事において勝ち得て余りがある」勝利と喜びをもって生き抜くことができますように、導いてください。

キリスト・イエスの御名を通して、感謝して、お願いします。アーメン。

九章一—五節

イスラエルのための心痛

わたしはキリストにあって真実を語る。偽りは言わない。わたしの良心も聖霊によって、わたしにこうあかしをしている。すなわち、わたしに大きな悲しみがあり、わたしの心に絶えざる痛みがある。実際、わたしの兄弟、肉による同族のためなら、わたしのこの身がのろわれて、キリストから離されてもいとわない。彼らはイスラエル人であって、子たる身分を授けられることも、栄光も、もろもろの契約も、律法を授けられることも、礼拝も、数々の約束も彼らのもの、また父祖たちも彼らのものであり、肉によればキリストもまた彼らから出られたのである。万物の上にいます神は、永遠にほむべきかな、アァメン。

今日から、ローマ人への手紙の後半に入ります。全部で十六章ございますので、第九章と言えばちょうどその真ん中ということになります。

ローマ人への手紙は、この間申しましたように、キリスト教の教理を第一部で教えまして、そうして第二部で実践の生活を勧める、二本立てでできています。この教理を教える第一部は三つの段落から成っておりまして、第一が一章一八節から三章二〇節まで、全人類が罪人であるということを論ずる。第二は三章二一節から八章までで、個人個人の罪人が神様の恵みによって救われる方法を教えます。そして、第三が九章から一一章まででありまして、イスラエル民族に関わる神様の救いの歴史を教えます。

たくさんのロマ書の研究家が、八章までの個人個人のクリスチャンの救いを教える所に続いて、すぐに一二章「兄弟たちよ。そういうわけで、神のあわれみによってあなたがたに勧める」と実際生活の仕方を教える所に直結していたらよかったのに、そうしたら、もっと議論がよく分かったのに、残念ながらその間に九章から一一章まで何か変なものが入っている、こういうふうに考えてきたのであります。

しかしわたくし個人は、実際に求道して教会に通うようになり、聖書を自分で読むようになりまして今までのことを考えてみまして、今まで一度も神学校でも教会生活でもロマ書の連続講義を聞いたことがないのですが、それでも自分自身がひとりでロマ書を読んでいろいろと感銘を受け教えられたと思うのです。そのときに、このロマ書の中でどこが特に自分の印象に残り自分のキリスト教理解に目が開かれただろうかと思いますと、どうもそれは求道中のことのようでありますが、三つ四つの点が非常に強く心に残ってきたと思います。ひとつには一章から三章にかけてパウロがえぐり出した人間の罪深さ、これをやっぱり、なるほどそうだと思いました。もうひとつは、パウロが四章でアブラハムを例にして語っていますように、何の働きもなくても一方的な神様の恵みによってわれわれは救っていただけるのだという恩寵を非常にありがたく聞いた。その次、第三番目と言いますと、わたくしの場合はむしろ第九章でありまして、このところで神様の絶対的な主権、一方的な選び、このことを新約聖書の他のどこよりもなるほどと思わせられて、それでわたくしは今までカルヴィニストであり得たのだと思います。

ですから、九章から一一章までは、何か邪魔なものが間に入ったというのではなくて、これは非常に大事な部分であり、ここがあるのとないのとでその人のキリスト教理解はすっかり形が変わるのではないか、と思うほどでございます。

ロマ書の今までのパウロの議論から言いましても、例えば、彼は一章一六節で「わたしは福音を恥としない。それは、ユダヤ人をはじめ、ギリシヤ人にも……救を得させる神の力」だと、こういう順序を語りました。この同じ言い方は、二章九節にもやはり「ユダヤ人をはじめギリシヤ人にも」、一〇節もやはり「ユダヤ人をはじめギリシヤ人にも」と繰り返されておりまして、パウロが今まで述べてきたすべてのことは、いつでもまずユダヤ人から、しかる後おこぼれが異邦人であるわたくしたちに、という順序なのでありますから、その第一のユダヤ人の問題をいつか必ず論じてくれなければ、ある意味では議論が中途半端に終わってしまうわけであります。

パウロは、そのユダヤ人第一の問題を三章から語り出しかけたのであります。三章一節「では、ユダヤ人のすぐれている点は何か」、こう彼自身語り出したのでありますが、「それは、いろいろの点で数多くある。まず第一に、神の言が……ゆだねられ」ていることだと、そのひとつの点だけ挙げまして、後、何かいつのまにか議論が横へ反れていってしまっていたのですね。ですから、この「第一」に続いて第二、第三とその他いろいろある点は一体何なのか、これが待たれるわけでありまして、それがやっと九章四節から「子たる身分を授けられることも、栄光も、もろもろの契約も、律法を授けられることも、礼拝も、数々の約束も……また父祖たちも……肉によればキリストも」ユダヤ人のものだ、とこう議論が戻っているわけであります。

パウロは、これから語りますことを何かちょっと異様なほどの力を込めて一節に語り出しております。

「わたしはキリストにあって真実を語る。偽りは言わない。わたしの良心も聖霊によって、わたしにこうあかししている」。

非常にくどい表現ですね。何事を言い出すのか、と誰しもが緊張します（Ⅱコリ一・二三、一一・三一、一二・一九、ガラ一・二〇、Ⅰテモ二・七参照）。

すると二節「すなわち、わたしに大きな悲しみがあり、わたしの心に絶えざる痛みがある」というのであります。

パウロが打ち明けますのに、「大きな」ひどい「痛み」があります。それは、「心」にある内面的な痛みであります。しかも、「絶えざる」継続した痛みであります。このようなひどい痛みを長い間いつまでもいつまでも、それも心の奥底でずっと抱かされたならば、まず普通の人間はノイローゼにでもなりかねないのでありまして、それほどの問題を今パウロは読者に聞いてもらいたい、と打ち明け出しているわけであります。

今日の三節から五節までに、少なくとも三つの問題があると思いますので、この三つの問題を解いて、ここを学びたいと願っております。

その第一は、三節でパウロが「実際、わたしの兄弟、肉による同族のためなら、わたしのこの身がのろわれて、キリストから離されてもいとわない」と言った言葉、こういうことは本当に言えるのだろうか、言うべきなのか、言ってもいいのか、という疑問であります。

古くから、ここのところに確かに皆さん引っかかってまいりまして、それで、「離されてもいとわない」といいますか「離されることを願う」という言葉が未完了で書いてありますので、「かつて、そう願っていたものだ」、つまりパウロがクリスチャンになる前、むしろキリスト教を迫害していた頃はのろわれたってかまわないと「願っていたのだ」、というふうに解答を出そうとした人がございます。

しかし、パウロが言っておりますのは、今までキリストにつながっていた者が「のろわれて、キリストから離される」ということであって、キリスト教を信じてもいない、むしろキリスト教を迫害している者が、キリストからどんなのろいや祟りがあったってへっちゃらだ、ということを言っているのではないと思うのです。

昔、イスラエルの民がシナイ山で神様から契約を結んでいただきましたすぐ後、モーセがまだ山の上におります間に、麓ではモーセのお兄さんである大祭司アロンが音頭を取りまして、見えざる神様を礼拝できるようにと金の子牛を造って、「イスラエルよ、これはあなたをエジプトの国から導きのぼったあなたの神である」と言いまして、どんちゃん騒ぎの礼拝をいたしました。神様はそれを非常に怒られまして、〝わたしの言うことを聞かずにそういう偶像を拝むのならば、契約を直ちに破って約束の土地に連れていかない〟、そういうふうにお怒りになったことがあります。モーセも、せっかくいただいた十戒の石の板をカチーンと割ってしまいまして、この同胞の罪を嘆いたほどであります。そのときモーセは、神様に、何とか怒りを鎮めていただきたいとなだめながら、「今もしあなたが、彼らの罪をゆるされますならば――。しかし、もしかなわなければ、どうぞあなたが書きしるされたふみから、わたしの名を消し去ってください」と、こうとりなしたのですね。出エジプト記の三二章三二節であります。これは、本当に肉による同族イスラエルを愛するがあまり、それをとりなしますモーセが彼らと運命を共にしたいという言葉であります。

パウロもここで「わたしの兄弟、肉による同族のためなら」と言うのでありますが、しかし、モーセの申しますこととパウロの言っておりますこととは違うと思うのです。モーセは、皆が死ぬのならば死なば諸共わたしも一緒に、ということであったのですが、パウロは、同胞イスラエルが救われるならばわたしは呪われてもいい、という物々交換を申し出ているのですね。身代わりの原理であります。

ここの文章を直訳しますと、「わたしの兄弟、肉による同族のために、わたしのこの身はキリストからのアナセマであることを願った」。

この「アナセマ」という言葉は今日ではあまり聞かなくなったのですが、古代、中世を貫いてキリスト教会ではよく聞かれた、「ハレルヤ」「アーメン」「アバ、父よ」と同じくらいに「アナセマ」という言葉は使われてきたものでありまして、カトリック教会の破門状に「アナセマ」――〝これこれこういう者はのろわれよ、アナセマ〟と言われたのろいの宣言であります（Ⅰコリ一六・二二、ガラ一・八、九など）。パウロは、そのように、今まではキリストの教会員であったのだけれども、もしもわたしの身代わりによって同胞が救われてくれるのならば、キリストからのろいを受け破門されることを引き受けてもいい、と言うのであります。

この「アナセマ」という言葉は、旧約聖書では「ヘレム」という言葉で表されるものであります(レビ二七・二八、民二一・三、申七・二六など)。「ヘレム」というのはアラビヤ語の「ハレム」でありまして、「ハレム」というのは金持ちの豪族とか貴族とか王様がたくさんの女を囲って誰にも手を触れさせせない独占物にしている所、これが「ハレム」であります。家来には指一本触れさせない。神様の「ハレム」、神様の「ヘレム」、これは口語訳聖書では「奉納物」と訳されたり、新改訳聖書では「聖絶」と訳されるものであります。神様だけが独占して人間にはもう指一本触れさせないようにするもの、であります。イスラエルがカナンの国に導かれて入り、そこでエリコの町だとかアイの町だとかを攻め取っていきますときに、神様は、そこの者は「ヘレム」である、だからイスラエル人が分捕り物をして自分に着服しないで、もう全部焼いてしまって神様に煙にしてささげてしまうように、と命じられたのが、この「ヘレム」「アナセマ」であります。

ですから、パウロがここで言っておりますことは、せっかく救われてきたのだけれども、それを放棄して死んでいく、というぐらいのことではありません。わたしひとりが死んでたくさんの同胞が救われるのならば、まあ一対百か一対何百かというふうに損得勘定をしまして、それで、もうしょうがない引き受けましょう、こう言ったのではないのであります。彼は積極的に神とイエス・キリストからの「アナセマ」「ヘレム」を引き受けて、自分が皆の受けるべきのろいを一身に受けましょう、とこう言っているわけであります。

つまり、はっきり言うと、パウロは、キリストの役割を引き受けたいわけなのです。ちょうどキリストが、わたくしたちのためにのろいとなって死にたもうことによって、わたくしたちは罪から救われました。そのように、わたくしの同族が救われるというのならば、わたくしがちょうどキリストのように皆ののろいを引きかぶり「アナセマ」になってもかまわない、というのであります。このような愛情は、まさにキリストの身代わりの愛を知るクリスチャンでなければ語ることができないようなものだと思いますね。けれどもまた、もしキリストのそのような愛を知る者であれば、われわれが先週八章で学びましたように、その「キリストの愛から――は何者も――わたしたちを離れさせる」ことはできないのであります。「患難」も「苦悩」も「迫害」も「飢え」も「裸」も「危難」も「剣」も、「死も生も、天使も支配者も、現在のものも将来のものも、力あるものも、高いものも深いものも、その他どんな被造物も、わたしたちの主キリスト・イエスにおける神の愛から、わたしたちを引き離すことはできない」のであります。ですから、パウロは、同胞のためならば第二のキリストになってもいいと、それほどの愛情は感ずるのでありますけれども、しかしこの「キリストの愛から」離れて「アナセマ」を受けることはできないということは、もちろんよく知っております。

ですから、ここで「いとわない」といいますか「願った」と訳されなければならない言葉は、日本語で訳しようがないのでありますが、「できるならば願っただろうけれども」という形で書いてあります。英語ならば「アイ・クッド・ウイッシュ、もしできたならば願うのだけれども、できなかった」というデリケートなニュアンスを含んだ文章なのです（ガラ四・二〇、ピレ一三―一四）。パウロは、自分がキリストの身になるというようなことができるとは思っていません。そんなことはできっこない。だけれども、もしできるのならばキリストになりたかったなあ、とは願うのです。そのようなパウロの、本当に引き裂かれるような同胞への愛をまずわたくしたちはこの文章から読み取るべきであって、決して、自分自身が受けたキリストの素晴らしい愛をそう軽々しく離れられるとか、のろわれてもいいとか、そんなことをパウロが考えているのではない、ということを確認したいと思ったわけであります。

今日のところの第二の、大変有名な問題がございます。それは、五節の最後の文章でありまして、もう何年も前に口語訳聖書が出版されたとき、おそらくいろいろな物議を醸しました中で最も激しく非難されたのがこの五節の翻訳であると思います。「また父祖たちも彼らのものであり、肉によればキリストもまた彼らから出られたのである。万物の上にいます神は、永遠にほむべきかな、アァメン」。「肉によればキリストもまた彼らから出られたのである」というところで丸で文章を切りまして、その次を祝禱にしまして「万物の上にいます神は、永遠にほむべきかな」と訳します。これは、それまでありました日本語訳聖書の伝統を全く破った新しい翻訳でありました。その前に使っておりました文語訳は「肉によれば、キリストも彼等より出で給ひたり。キリストは萬物の上にあり、永遠に讃むべき神なり、アァメン」。後半も「キリストは萬物の上にあり、永遠に讃むべき神なり、アァメン」という「キリスト」について語る文章になっていたわけですね。その前には明治時代の最初の文語元訳があるんですが、それも同じです。「肉体によりて言えば、キリストもまた彼らより出づ。彼は万物の上にありて世々ほまれを得べき神なり、アメン」。同じですね。それで、新改訳も文語訳以来の伝統に戻しまして、ここのところを再びキリストについての叙述というふうに変えたわけであります。

口語訳のように、切って、前の方は「キリスト」について語る、後ろの方は神様についての祝禱であると理解します翻訳は、外国語にもあるんですが、そういう無理な翻訳が出てきた理由としては、結局はひとつに尽きるのだと思います。それは、パウロにはイエス・キリストをそのものずばり「神」であるというふうに呼ぶ箇所はないからです。だから、ここでだけ「キリストは万物の上にいます、永遠にほむべき神である」と言うのはおかしいという理由であったと思います。

それに対して、いや、たとえちょっとおかしくてもここは、どうしても文語訳のように訳すべきだ――わたくしもそう信じますが――そのように考える考えには少なくとも三つの根拠があります。ひとつは、この五節の最後の文章は、文章構造の上からもまた言葉の活用形から言いましても、「ほむべきかな」という祝禱、お祈りや願望を表す文章（ルカ一・六八、Ⅱコリ一・三、エペ一・三、Ⅰペテ一・三）に読み取ることは不可能である。これはあくまでも「～である」という文章で（一・二五、Ⅱコリ一一・三一）、「あるように、あればいいのに」という文章ではありません。

それから第二は、イエス・キリストのことを、肉によればこうであるが、神たる性質から言うとこうだ、というふうに両面を公平に紹介するのは、実はパウロの、またこのロマ書の初めからのやり方なのです。一章の三節、四節にそれがまず出てまいりました。「御子は、肉によればダビデの子孫から生まれ、聖なる霊によれば……神の御子と定められた」。これがパウロのいつもの言い方なのですね。肉によればダビデの子孫とか同胞イスラエルから出たけれども、決してそれに終わらない。「聖なる御霊によれば、神の御子」であるとか、あるいは、「万物の上にいます神」であるとか、必ず、キリストのもっと崇高な性質を語り添えるというのが、パウロの語り方です（四・二五、五・一〇、六・一〇、Ⅱコリ一三・四）。

第三に、キリストを「神」だと呼ぶ例はないと言われるのでありますが、少なくとも一番分かりやすいのはテトスへの手紙の二章一三節でありまして、「祝福に満ちた望み、すなわち、大いなる神、わたしたちの救主キリスト・イエスの栄光の出現」、こういう言い方をしています。ここではもう非常に明瞭に、「救主イエス・キリスト」が「大いなる神」であられると断言されているのではないかと思うのです（ピリ二・六、コロ二・九、Ⅱテサ一・一二「わたしたちの神また主であるイエス・キリストの恵み」?）。

そのようなわけで、この五節の最後は「肉によればキリストもまた彼らから出られたのであるが、この方は万物の上にいまし永遠にほむべき神であられる、アァメン」という文章として訳すべきであります。

お気づきかと思いますが、四節にパウロはずらずらっと、同胞イスラエルがどんなに素晴らしい民族か、というその特典を列挙しています。「子たる身分を授けられることも、栄光も、もろもろの契約も、律法を授けられることも、礼拝も、数々の約束」も、あるいはあの有名な「父祖たち」も、と列挙いたしまして、この素晴らしい数々の特典が「彼らのものである」、「～のものである」という所有格で語ったのでありますが、「キリスト」のところになりますと言い方を変えまして、キリストは「彼らから出た」のであると言い換えます。それはそうです。キリストは、決してイスラエル民族のひとりに閉じ込められるような小さな救い主ではないからであります。彼は、「肉によれば」確かにイスラエル人の中「から」生まれましたが、その本質、救い主としての実力は、それ以上のところ、「万物の上にいます永遠にほむべき神」でありたもうというところに見出されるわけであります。その意味でパウロは、この最後のキリストへの賛美を非常に大事なこととして、「アァメン」と、まあ思わず結んだのではないかと思います。

第三。これが最大の問題でありまして、今日だけでは解くことができない、一一章までの長い学びで繰り返し考えなければならない疑問であります。

それならば、つまりキリスト・イエスはイスラエル「から出た」かもしれないが、イスラエル「のもの」ではないというのであるならば、何ゆえそんなにイスラエル民族のことにこだわるのでしょうか。ただ、出た出発点だけがイスラエルであって、後は知らない、もっと大きな神様の御座に行ったというのであれば、そんなイエス・キリストの出生の秘密、イスラエル民族の問題にそんなに今こだわることはないじゃないか、もう済んだことではないか。何ゆえ九章から一一章までを費やして、パウロはそれを長々と、それも外国人のローマの人に語るのか、という問題であります。

もちろん、ひとつには、「わたしの兄弟、肉による同族」という、まあパウロ自身にしてはやっぱり死ぬまで離れない人情といいますか愛情というものがあって、聞き手はともかく語り手としては語らずにおれない心痛の種なのだと、これがひとつにはあると思います。

しかし、それ以上に大きな、ユダヤ人でなくてもローマ人であっても日本人であっても考えなければならないだけの重大な神学上の問題が、ここにはあるのであります。つまり、旧約聖書時代に神がイスラエルを選んでおられたというあの選びはどうなったのか、という神の選びについての信仰的な問題です。もし、それがちゃらんぽらんに打っちゃられたのであれば、今わたくしたちが選ばれていると言ったって、それは二九〇〇年になると、〝もうあれは忘れた〟と言われないとも限らないですね。ですから、この問題はわれわれのキリスト教の信仰の中心に関わる問題だ、とパウロは信じているわけです。

イスラエル民族がかつて旧約聖書の時代に神様から受けたさまざまな選びと特典を、パウロは四節以下に列挙しております。

「彼らはイスラエル人である」。創世記に書いてあったとおり、「イスラエル」というのは神が特別に付けてくださった名前であります（三二・二八、三五・一〇）。日本という名前は、神様が付けた名前ではないのです。アメリカというのも神が付けた名前ではないのです。世界中のどの民族の名前も皆そうです。しかし、「イスラエル」だけは神が特別に名前を付けた。彼らは、そういう「イスラエル」人であります。

第二に彼らは、「子たる身分を授けられ」ました。神の養子縁組に入れられました。これはパウロだけが使う言葉です（八・一五、二三、ガラ四・五、エペ一・五）。出エジプト記一九章以下にありますとおりシナイ山で神様から契約をいただき、「神の子ら」と彼らはされたのであります（出四・二二、ホセ一一・一）。これは、もちろん八章一四節以下でクリスチャンが「神の子である」と言われた養子縁組とはいささか違いまして、旧約時代の養子縁組は、パウロがガラテヤ人への手紙で説明するように、まだ子供が小さくて後見人や管理人や養育掛の手の下に委ねられているような状態でありますの(三・二三―二四、四・一―三)。が、とにかく他の民族と比べるならば確かにイスラエルは神の「子たる身分を授けられ」ました。

さらに彼らは「栄光も」受けました。シナイ山で神の「栄光」を見た。神礼拝のために造りました会見の幕屋にも、神様のご臨在のしるしの神の「栄光が」満ちました。彼らは、目の当たり、神が自分たちと共に交わっていてくださるということをまざまざと見せていただいた民族であります。

第四に、彼らは「もろもろの契約」をいただきました。シナイ山でまず契約を結んでもらい、四十年の荒野の旅が終わっていよいよヨルダン川を渡る寸前、モアブの平野で再び契約を結んでいただき、そうしてついにはヨルダン川の彼方、約束の土地に着いて住み着きましたときにシケムにおいてヨシュアはもう一度契約を確認したのであります。

彼らはそのような中で、「律法を授けられ」ました。「律法授与」というひとつの単語で、ここしか使われません。手探りで神様を信じて生きて、うっかりするとバチが当たったとか祟ってきた、神の気に障わったというのではなくて、ちゃんと神様からお指図をいただいて、信じ礼拝し生きることができる者とされていました。

「礼拝」。いろいろな礼拝のやり方もまた、彼らの場合には決して人間から生まれてきた習俗ではなくて、神様が〝このようにわたしを拝め〟とおっしゃった礼拝をささげることができました。

彼らには、もろもろの「約束」、なかんずく、救い主があなたがたの内から生まれるという「約束」も受けていたのであります。

彼らには、「父祖たち」アブラハム・イサク・ヤコブを直系の先祖として持つ光栄までも許されていたのであります。

ですから、これだけ至れりつくせりの特典を受けていた者が、今になって、もし神様から〝そんなものは全然知らない〟と言われるとすれば、今度はクリスチャンが受けております救いの恵みもまたいつ覆されるか分かりません。

ですから、わたくしたちはここで、旧約聖書というものの問題を、もっともっとわたくしたちクリスチャンとしての信仰の中心に関わる問題、もうこれが解けなければ絶えず心に痛みが湧いてしょうがないような問題として考えなければならないという旧約の重大さを、最後に申し上げたかったのであります。これがなかなか、日本人には分かりにくいようであります。

有名な言葉でありますが、テモテへの第二の手紙の三章の終わりのところに「聖書は、すべて神の霊感を受けて書かれたものであって」、「神の人」を整えていくのに「有益だ」という聖書の教えが語られています（一六節）。このテモテへの第二の手紙三章の聖書霊感のところを注解しましたジャン・カルヴァンは、一番最後にこういう文章を書いているのです（一七節）。

「しかし、ここで一つの反論が生じる。パウロは旧約聖書に与えられた名である聖書のことを語っているのだから、彼はどうして、それが人を全く完全にできると言うのか。もしそうなら、使徒たちによって後から加えられたものは――つまり新約聖書は――余分なものと思われるからである。私は答える。本質に関する限り何一つ加えられなかったのだ。使徒たちの書物は、律法と預言者の単純自然な説明と、その中に表現されていた事柄の顕現以外の何物も含んでいないからである」。お分かりでしょうか。

われわれが神を信じ神様のご用に役立つ整えられた神の人となるために必要なすべての事が、旧約聖書に示されている。それ以上には、もう何も付け加えられていない。新約聖書というのは、旧約聖書が教えていた事の意味を分かりやすく説明し直した付録である。これがカルヴァンの、もう分かりやすく言ってしまえば聖書、旧新両約聖書に対する見方なのです。日本のキリスト教界が持ってきた聖書に対する見方がどれほど違うか、ということはもう申すまでもない。日本では、聖書といえば新約聖書で、旧約聖書というのはよほど物好きな人が読むものです。

そうではないのであります。旧約聖書こそが「聖書」であり、ここにおいて人が神について知らなければならないすべての事が教えられています。ただ、この完全な聖書である旧約聖書の解釈に三通りの解釈が生まれてきた。イスラム教の解釈とユダヤ教の解釈とキリスト教の解釈であります。イスラム教はそれを『コーラン』で解説し、ユダヤ教は『タルムード』で解説し、キリスト教は新約聖書で解説しているのであります。ですから、聖書が教えております神と、この神を信ずる宗教は、旧約聖書が土台なのであります。

三章から八章までに、わたくしどもは皆罪人であり、どのような恩寵によってこの罪から救われるのか、そういう福音が縷々語られてまいりました。しかし、そのところで出てきた、何と言いましょうか話の例話というのは、アダムとアブラハムとふたりなのですね。これは本当に創世記の初めに書いてありますす遠い遠い遠い昔の人間のお話でありまして、ある人にとっては神話である、お伽ばなしであるかもしれません。つまり、ここまでのパウロの議論は、アダムとアブラハムをお伽ばなしだと言ってしまえばもう全部崩れてしまうのです。〝本当に福音によって救われます、本当に信ずるだけで神様が正しいと認めてくださいます〟、とパウロは言うのですけれども、それに〝客観的な保証がありますか〟というと、ないのです。

客観的な根拠が出てくるのは、イスラエル民族の歴史、つまり旧約聖書です。この土台が出てきたときに、神は確かにイスラエルを選んだ、イスラエルと契約を結びたもうた、イスラエルは独特な礼拝を教えられていた、メシヤの約束を与えられていた。これは、個人的な好みでそう思う人は思ったらいい、思わない人は思わないでもいい、というようなことではないのであります。これはもう地球の上で公然と、人類の誰もが否定できない特別な民族の歩みが事実において見せられてきたのです。ですから、この旧約聖書の歴史、イスラエル民族を神はどのように扱われたかということこそ、本当は八章までのすべての福音を成り立たせる客観的な保証なのです。

それがあったときに初めて、一二章から、〝だから、悪いことは言わない、キリストに従って献身をしたまえ〟、〝だから、これは夢でも何でもない、悔い改めてこう生きなさい〟と生活の革命を勧めることができるのだと思います。それだけの客観性もないのに、ただパウロはそう思っている、しかし君たちは違うようにも考えられるというような具合で、一二章以下の生活革命は要求できないと思うのです。

その意味で、わたくしは、今日から学び始めました九章から一一章の議論こそ、日本人には一番縁遠い問題でありますけれども、しかしキリスト教の最も大事な信仰的な運命のかかっている箇所であると思っております。

どうか、これを機会に、旧約聖書をもう一回しっかり皆さんが読んでくださるようにお勧めをして、終わりたいと思います。

祈ります。


神様。あなたは見えざるお方であり、また理解し尽くせないおもんぱかりと愛とをお持ちの神である、と言われておりますが、果たしてそれが本当に事実であるかどうかを、あなたは旧約聖書において、パウロの同胞でありましたイスラエル民族を取り扱う歴史の中で、鮮やかにお示しになりました。

わたくしたちが、どうか、この旧約聖書に証しされました神様の実在とまた神様の救いの事実を、自分の好みを経ないで客観的に確かめることによって、今、わたくしたちに注がれておりますあなたの愛と、またわたくしたちと今共にいてくださいますあなたの実在とを、はっきりと確信することができますように、導いてください。

キリスト・イエスの御名を通して、お願いします。アーメン。

九章六―一三節

神の選びの計画

しかし、神の言が無効になったというわけではない。なぜなら、イスラエルから出た者が全部イスラエルなのではなく、また、アブラハムの子孫だからといって、その全部が子であるのではないからである。かえって「イサクから出る者が、あなたの子孫と呼ばれるであろう」。すなわち、肉の子がそのまま神の子なのではなく、むしろ約束の子が子孫として認められるのである。約束の言葉はこうである。「来年の今ごろ、わたしはまた来る。そして、サラに男子が与えられるであろう」。そればかりではなく、ひとりの人、すなわち、わたしたちの父祖イサクによって受胎したリベカの場合も、また同様である。まだ子供らが生れもせず、善も悪もしない先に、神の選びの計画が、わざによらず、召したかたによって行われるために、「兄は弟に仕えるであろう」と、彼女に仰せられたのである。「わたしはヤコブを愛しエサウを憎んだ」と書いてあるとおりである。

九章から一一章は、使徒パウロが「肉による同族」ユダヤ民族の不信仰を心に激しく悲しみ嘆きまして、旧約聖書の約束を一体どういうふうに考えたらいいのだろうか、この問題ともう文字どおり格闘している段落であります。

九章三節「実際、わたしの兄弟、肉による同族のためなら、わたしのこの身がのろわれて、キリストから離されてもいとわない」。この彼の情熱が、一〇章の一節に再び出てまいります。「兄弟たちよ。わたしの心の願い、彼らのために神にささげる祈は、彼らが救われることである」。

そういうわけですから、このパウロの切なるうめきを持ちながら旧約聖書を読んでおります九章から一一章までの筋道というのは、どうも、手紙を書く前に解答を持っていて、その解答をどうやったら皆に分ってもらえるだろうかと、説き明かす技術の方に気を使いながら縷々説いているというよりも、むしろ書きながら考え、語りながらまた考える、というタイプの段落ではないかという気がいたします。

が、それでも強いて九章から一一章までパウロの格闘していきます道筋をあらかじめご案内するとすれば、まず第一に、パウロは、絶対的で主権的な神様の約束は、これを受け取る側の信仰的霊的な受け止め方を必要としているということを、九章全体を通して明らかにしてまいります。人と人との約束であれば、向こうが約束してくれたら、こちらは〝ああ、そうですか〟と待てばいいのですが、絶対的で主権的であられる神様が人に約束をしてこられますときには、人間の側はいつもそれを信仰の手で霊的な受け止め方で受け止めない限り、神と人間との間の約束としては成り立っていないのです。このことを九章で明らかにするのだと思います。

それならば、今現実に旧約聖書の約束をいただいた民族ユダヤ人たちが不信仰で滅びの状態にあるのは何ゆえかというと、それは、彼らがそういう受け止め方をしなかった、ユダヤ人たちは非常に肉的な律法主義的な考え方で神の契約の履行を求めたために受け止められなかった。その責任は彼らにある。こういうことを一〇章でパウロは明らかにいたします。

しかし、誠実な神様が旧約時代の契約を語ってくださったのはあくまでもイスラエル民族に語りかけてくださったのでありますから、必ずいつかこのイスラエルへの約束は実現される、イスラエルは救われるだろう。こういう気持ちをパウロは一一章で打ち明けていくわけであります。

これが、非常に大雑把な粗筋でありますが、でもこの粗筋を辿るのに、本当にパウロは苦労しているなあという気がするのでありまして、まず、その苦労の第一点が今日朗読いたしました六節から一三節まででであります。

さて、この九章から一一章の終わりまで、物好きに勘定しますと、全部で九十の節があります。その中にパウロは、旧約聖書の言葉をたくさん引用しておりまして、これはまたずっと数えてみますと、口語訳聖書でかぎ括弧で引用されているものだけでも三十四節に上るのです。九十節ある中の三十四節と言いますと、三分の一強ですね、三行に一行以上は旧約聖書の文章なのです。それも、ユダヤ人の聖書の「律法」と「預言者」と「諸書」という三区分のすべてから公平に引用します。ですから、ここのところは本当に、旧約聖書を次から次へと開きながら、それにちょっとパウロのコメントを付けるという形で繰り広げられている段落でございますので、ぜひ、皆さんがたも奮発して、旧約聖書の粗筋を読んでいただきたいと思います。そうでありませんと、実際のパウロの議論と彼がどういうふうに悪戦苦闘しているかということの意味も分かりにくいのではないかと思います。

パウロの結論は、先取りして言いますと、今日の六節に彼が書き出していますように、わたしがどんなに同胞の不信仰と滅びを心の中で嘆き悲しんでいると言ったって、「しかし、神の言が無効になったというわけではない」。「無効になる」と訳されているのは「はずれ落ちる」（行一二・七）という言葉で、ロマ書ではここしか出てきません。同じことを、彼は一一章一節「そこで、わたしは問う、『神はその民を捨てたのであろうか』。断じてそうではない」、さらに一一章二九節「神の賜物と召しとは、変えられることがない」と断言します。旧約聖書を通して神が語られたイスラエルへの召し、契約の言葉は無効になっていない、これは不変である。いくらユダヤ人の側の受け止め方がおかしかった、聞き方が変てこでありましても、神様が語った御言葉、神様が召し寄せた召しというものは、ちゃらんぽらんに打ち消されているのではない。これが、パウロの結局到達した結論であります。

それでは結局、現実に今ユダヤ民族が不信仰に陥っている、そのためにパウロなどが非常に心を痛め心配しておりますこの現実の本当の原因はどこにあるかというと、それは旧約聖書についてのユダヤ人たちの誤解にある。また、わたくしたちが今のユダヤ人の頑なさを見てはらはら心配をしておりますのも、わたくしたちが旧約聖書を理解し切っていない理解不足がある。ここに問題の原因がある、とパウロは見ているのであります。

六節の後半「なぜなら、イスラエルから出た者が全部――まことの――イスラエルなのではなく、また、アブラハムの――肉的な――子孫だからといって、その全部が子であるのではないからである」（六―七節イ）。こうパウロは自分たちの誤解、理解不足を訂正するわけであります。

これと似た言葉は、既に二章二八節で、別の関連で語ったことがございます。「というのは、外見上のユダヤ人がユダヤ人ではなく、また、外見上の肉における割礼が割礼でもない」。ちなみに、パウロはここまでもっぱら「ユダヤ人」と言ってきたのに、九章から一一章までは「イスラエル」とか「イスラエル人」とも語ります。バビロン捕囚帰還後、「ユダヤ人」と「イスラエル人」とはほぼ同義語になっていましたが（エズ三・一と四・二三、ネヘ一・二と二・一〇など）、少くともパウロは旧約時代の神の民を表すには「イスラエル（人）」を使います。

さて、難しいのはここからであります。

このパウロが語ってまいりました区別、何も肉的にアブラハムやイスラエルから生まれた子孫が全部が全部本当の神のイスラエルではない、というこの議論から、パウロがガラテヤ人への手紙でよく繰り返しますように、クリスチャンこそまことの霊的なイスラエル人である、キリスト教会こそまことの神の選びの民イスラエルなのであるという議論が出てくるのです（三・七、二九、六・一六）。

そこで、わたくしの見ます限り、多くの研究家たちがそのガラテヤ書の結論の出し方をロマ書にも持ってきまして、今日のこの六節、七節をほぼ同じように理解してしまうという間違いが続いてきました。わたくしの考えでは、パウロがロマ書で議論しております議論はその議論ではないと思います。

肉体上のイスラエルの子孫がイスラエルなのではない、血統上のアブラハムの子孫が皆が皆アブラハムの子孫というわけではない、だからどうなるのかという結論の出し方は、ロマ書は独特でありまして、決して、キリスト教会やクリスチャンが旧約聖書の目指していた相手だった、とは言ってしまわないのです。もしそう言ってしまいますと、九章から一一章の議論はもう全然意味がなくなってしまう。旧約聖書というのは、皆誤解しているけれども初めからもともとは霊のイスラエル、われわれクリスチャンに約束していたものなのだ、旧約時代の神様の契約は実は全部キリスト教会への約束だったのだ、とこう読んでしまいますと、ではイスラエル民族が滅んでいくのをどう考えたらいいのかという問題に何の答えも出てこないですね。

パウロは、あくまでも、ロマ書の九章から一一章では、やっぱり旧約のあの言葉はイスラエル民族に語られたのだ、あくまでも、旧約の神の言葉を聞いたのは確かにイスラエル人であって異邦人クリスチャンではない、この事実を、忘れようとはしていないのであります。ただ問題なのは、この神の言葉を聞いたイスラエル民族の肉体上の子孫が全部が全部オートマティックにイスラエルやアブラハムの子だ、というのではないということを断っているだけでありまして、だから旧約聖書の言葉は皆クリスチャンに向けられていたなどと、乱暴なことを言おうとしているのではありません。

パウロの言おうとしていることが本当は何であるのか、それを彼は旧約聖書からふたつの実例を引きまして一三節までに懇切に解説しておりますから、今日はそのふたつの例を注意深く学んでみたいと思うのであります。

その第一が、アブラハムとその子供イサクの実例であります（七―九節）。

創世記一二章から二五章あたりまでに書かれている物語であります。

紀元前一八〇〇年から九〇〇〇年頃、そういう昔の人がアブラハムでありますが、妻をサラと言いまして、ふたりとも神様の御告げによってメソポタミヤからずっと現在のパレスティナまで旅をしてきた夫婦であります。神様はこのアブラハムに、〝必ずあなたの子孫を増やし、地のもろもろのやからがあなたとあなたの子孫によって祝福を受けるようにしてやる〟、こう約束してパレスティナまで導いて来られたのです。

ところが、この夫妻には子供がありませんでした。初めは、甥のロトを養子にでもするつもりでいたのでしたが、しかし、そのロトも結局家から出てしまう。しょうがないので、とうとうサラは自分に仕えておりましたエジプトの女奴隷ハガルを夫アブラハムにあてがいまして、〝わたしは子供を産むことができませんから、このエジプト人の女ハガルのお腹を使ってあなたの子を生んでほしい〟、こういうわけで、ついに男の子イシマエルが生まれたのであります。

ところが神様は、この男の子イシマエルが生まれました後、再びアブラハムに現れて、〝いや、彼はだめだ。わたしはあなたと妻との間から生まれる子供、イサクと名前を付けるそのイサクと契約を結びたいのだ〟とおっしゃったのであります。アブラハムは笑いました。妻のサラも笑いました。それで「イサク」とは〝笑う〟という意味の名前として付けられたのであります。サラが笑いましたとき、神様は、創世記の一八章一四節でありますが、「来年の春、定めの時に、わたしはあなたのところに帰ってきます。そのときサラには男の子が生れているでしょう」と言ってのけたのでありまして、この言葉がロマ書の九章九節に引用されたわけなのです。人間的には考えられないことでありましたが、アブラハム百歳のときに、このひとり子イサクがついに与えられたのであります。

ところが、このイサクが乳離れをするとき、もう今で言うと幼稚園に入るくらいの三つ四つぐらいになりましたときに（Ⅱマカ七・二七参照）、ずっと年上のお兄さんイシマエルとイサクとが遊んだり戯れたりしているのを見まして、お母さんのサラが〝一緒におらせるわけには行かない、「つかえめ」の子イシマエルを追い出してくれ〟と亭主のアブラハムに迫ったわけであります。アブラハムは非常に気のいい人ですから、そうはいかないとだいぶ悩んだのですが、神様がまた割り込まれまして、〝イシマエルを家から出しなさい〟「イサクに生れる者が、あなたの子孫と唱えられるからです」、こうおっしゃったのであります。それが創世記の二一章一二節の御言葉でありまして、ロマ書の九章七節「イサクから出る者が、あなたの子孫と呼ばれるであろう」という引用聖句であります。

このようにして、アブラハムにはエジプト女のハガルのお腹を借りて生んだ男の子イシマエルが既にいたのであります。それからまた後には、妻サラが死んだ後、後妻のケトラを通してまたたくさんの子供も生まれましたのに、神様は「イサクから出る者」を「子孫」とする、イサクの子供が神の子、約束の子である、となさったのであります。

八節「すなわち、肉の子がそのまま神の子なのではなく、むしろ約束の子が子孫として認められるのである」。

さて、もうひとつのたとえが、今度はアブラハムの子供イサクから生まれましたヤコブとエサウという兄弟のお話であります（一〇―一三節）。

これは創世記二五章一九節以下のお話です。

先ほどのアブラハムの子供イサクの場合には、何と言っても先に生まれておりましたイシマエルは「つかえめ」の腹から生まれたのではないか、それに対して後から生まれたイサクはやっぱり正妻の子供ではないか、それは人間的に言って、この世の社会体制から言って、正妻の子供が跡取りになって「つかえめ」の子供は家を出るのは無理もないというように、ある程度の区別を付けられても仕方がない実例であります。ですから、今度はそういう懸念のないように、ひとりの夫イサクによって身籠りましたひとりのお母さんリベカから生まれてくるふたりの男の子、それもお兄さんだとか弟だとかという年齢の差のない双子で、しかもまた、この双子が生まれてくる前から「まだ、子供らが生れもせず、善も悪もしない先に」、神様はあるひとつのことをなさった、こういう例を一〇節以下にパウロは引いているわけです。

このアブラハムの子供イサクは結婚をいたしまして、妻リベカとの間にやはり二十年もの間子供が生まれませんでした。わたくしたちですと、結婚してもう二十年も子供が授からなければそろそろ諦めていると思うのですが、しかしイサクとリベカはなおも祈り続けました。それで、その祈りはかなえられて、不思議なことにもリベカは身籠ったのであります。ところが、胎動が激しすぎるので、リベカは神様に尋ねました。すると神は、「二つの国民があなたの胎内にあり、二つの民があなたの腹から別れて出る。ひとつの民は他の民よりも強く、兄は弟に仕えるであろう」とお語りになったのであります。これが創世記の二五章二三節でありまして、それがロマ書九章の一二節「兄は弟に仕えるであろう」、直訳すると「大は小に仕える」、こういう言葉になっております。

やがてリベカから生まれてまいりましたのは双子でありまして、その兄エサウからエドム民族が生じました。弟ヤコブからはイスラエル民族ができたのであります。そうして事の成り行きを旧約聖書が描いておりますように、確かにエドム民族とイスラエル民族の歴史の歩みを見るならば、神様はエドム民族ではなくてイスラエル民族を選び愛してこられたのであります。旧約聖書の一番最後のマラキ書一章の二節、三節で振り返っておっしゃいますように、「主は言われる、『エサウはヤコブの兄ではないか。しかしわたしはヤコブを愛し、エサウを憎んだ』」のであります。この言葉がロマ書の九章一三節に引用されているわけです。

さて、このふたつの例話を通して、パウロは何を教えようとしたのでしょうか。何が今日の所で教えられたのでしょうか。

今日までのロマ書研究の歴史の中で、ふたつの大きな考え方があったし、また今もある、とわたくしは思います。そのひとつは、ここでパウロはアブラハムの子イサク、あるいはイサクの子ヤコブの選びという実例を通して、神様の一方的な選びのご計画を語っているのだ、という考えであります。ヤコブならヤコブ、イサクならイサクという個人の魂の永遠の救いへの選びか、あるいはエサウの永遠の滅びへの遺棄、というういわゆる二重予定と言われる選びと遺棄の教理を論証している。こういう考えであります。

この第一の考えは、確かにたくさんの人々が採ってきたのでありますが、わたくしの考えるのでは文句なくここでは正しくないと思います。神が選びたまい、また神が棄てたもうという真理そのものは、聖書が他の所でよく教えていることですからそのとおりなのですけれども、パウロはここではそういうことを言っているのではないと思うのです。

七節で引用されております神様の御言葉は、「イサクから出る」子孫がアブラハムの「子孫と呼ばれる」という、子孫、民族のことであります。あるいは一二節、一三節で引用されておりますヤコブとエサウに関わる神様の御言葉も、「大が小に仕える」、神はヤコブ民族を愛しエサウ民族を捨てた、という歴史の上に現れたふたつの民族の取り扱いの区別であります。神がリベカにおっしゃいましたときから、あなたの胎から「二つの民が別れて出る。ひとつの民はひとつの民よりも強く、大は小に仕える」という民族の区別のことであります。創世記記者もパウロも、ことが起こってから書いていますから、胎内の「子ら」と記しますけれども、三、四千年の昔なら出産まで胎児が双子だとは分からなかったでしょう（創三八・二七参照）。すると、リベカへの託宣は、サラについての託宣（一七・一六）と大差なく聞かれたに違いありません。つまり将来の「二つの民」のことを告げていたのです。

ですから、ここでは一二節に「仕えるであろう」とはっきり言われておりますとおり、地上の歴史の中でどの民族がより強くなったり、より弱くなって仕えたり征服されたりするか、という地上の歴史の上での強弱関係、民族と民族とのやり取りのことでありまして、決して、死んであの世で永遠の天国に入っているか地獄に落とされているかという永遠の運命に関わる選びや遺棄のことではございません。この歴史的な神様の扱いの中で、確かにイシマエルは遠ざけられました。エサウも退けられました。だからといって、わたくしたちはイシマエル個人がゲヘナに落とされたとか、お兄さんのエサウ自身が地獄に行っているとか、そういうことを誰も決める権威はないのでありまして、これはあくまでも地上の子孫の民族の動きについての預言でありました。

そこから第二の大きな考え方がございまして、今日ではこの考え方を採る方が多いのではないかと思います。ここでパウロは民族の選びを論証したいのである、という考えであります。わたくしは、これも文句なく、ここでは間違いだと思います。

考えても考えなくても分かりますが、ここでパウロが例に挙げております〝アブラハムの子イサクから生まれる者が約束の子です〟、〝そうですか、じゃあユダヤ民族は皆そうですか〟。〝リベカが生みます双子の内の弟から出てくる末が神様に愛されています〟、〝そうですか、じゃあヤコブから出てきたユダヤ人は皆愛されていますか〟。そういうことになりますね。これでは、せっかく六節、七節でパウロが言いましたふるい分けは何も関係がなくなります。「イスラエルから出た者が全部イスラエルなのではなく、またアブラハムの子孫だからといって、その全部が子であるのではない」。このふるい分けを説明したくてふたつの実例を挙げているのですが、この実例をそのまま受け取っていきますと、イスラエルは皆イサクから出た子なのです、イスラエル人は皆ヤコブの子孫なのです。ですから、この考え方ではパウロの主張したいことは何も論証されないことになります。

第三の読み方をする以外にないのではないか、とわたくしは思うわけであります。

パウロのここの論証は、個人の永遠の選びでもなければ地上の歴史におけるある民族の選びという歴史的な選びでもない。むしろパウロの明らかにしたいことは、神様の約束とか御言葉が語られた時の受け止め方の問題です。神の御言葉とか神の約束というものを、イスラエル民族ならイスラエル民族が受けたのですが、そのときどういうふうに聞くべきか、という態度を教えたいのだと思います。

パウロの、今日の段落で一番言いたいことは、八節と一一節なのだと思います。八節「すなわち、肉の子がそのまま神の子なのではなく、むしろ約束の子が子孫として認められるのである」。一一節「まだ子供らが生れもせず、善も悪もしない先に、神の選びの計画が、わざによらず、召したかたによって行われるために」(一一―一二節イ)。これが言いたくて実例をあれやこれやと出したにすぎないと思います。

パウロが八節で「約束の子が子孫として認められるのである」と言っております「認められる」という言葉こそ、パウロの議論の中心をなす大事な思想です。

「認められる」。「肉の子」ならばもう自動的に〝わたしはイスラエルである、アブラハムの子孫である、神の約束の子である〟と言えるのではなくて、なおも神様が神の子と「認め」てくださる者だけが神の子である。いくら神様が選んだとか約束したとか契約を結んでやるとかとおっしゃっても、なお神様がひとりひとり「認め」てくださる者だけが約束の子である、こうパウロは言いたいのです。

この「認められる」という言葉は、神様の判決、神様の宣告を表す言葉として既にパウロはロマ書の四章三節「なぜなら、聖書はなんと言っているか、『アブラハムは神を信じた。それによって、彼は義と認められた』とある」、この聖句を彼は取り出したわけであります。信ずる者を神様が義と宣告してくださる。神様がそういう者として認めてくださるならば、実態はまだ汚れており罪人でありましても、正しくなるのですね。この「認められる」ことこそパウロにとっては最も基本的なことでありました。

だから、次の九節で「約束の言葉はこうである。『来年の今ごろ、わたしはまた来る。そして、サラに男子が与えられるであろう』」。この、神様の創造的な無から有を呼び出すような御業を、パウロは語るわけであります。神様が、どういう者だと「認める」か。神様がいったんそう認めたもうたならば、人間的には生まれっこなくったって生むのであります。このことをパウロは、四章の一七節「『わたしは、あなたを立てて多くの国民の父とした』と書いてあるとおりである。彼はこの神、すなわち、死人を生かし、無から有を呼び出される神を信じたのである」といったのであります。認めてくださる神を信ずるとはどういうことでしょうか。それは、「無から有を呼び出される」むしろ「無いものを有るもののように呼ぶ」、クリエイティヴでしかも真実な神の御業を信ずるということです。

ユダヤ人たちが、バプテスマのヨハネのもとに洗礼を受けにまいりましたとき、ヨハネは彼らを激しく叱りまして「まむしの子らよ、迫ってきている神の怒りから、おまえたちはのがれられると、だれが教えたのか。……自分たちの父にはアブラハムがあるなどと、心の中で思ってもみるな。神はこれらの石ころからでも、アブラハムの子を起すことができるのだ」と申しました（マタ三・七―九）。神様はヨルダン川の石ころでも、神の子と「認める」ならば彼を神の子とすることができるのであります。

パウロは実はこのことを論証したいのです。「神の選びの計画が、わざによらず、召したかたによって行われる」のであります（一一―一二節）。

この「わざによらず、召したかたによって」実行される、というコントラストも、パウロが今まで何度も出してきたものです（三・二七、四・五―六）。これからも何度も出る比較でありまして、九章三二節「なぜであるか。信仰によらないで、行いによって得られるかのように」、ユダヤ人たちは「追い求めたから」だめなのです。一〇章三節「なぜなら、彼ら――ユダヤ人――は神の義を知らないで、自分の義を立てようと努め、神の義に従わなかったから」だめだ。一一章六節「恵みによるのであれば、もはや行いによるのではない」。こうパウロは繰り返しております。

神様は、確かに旧約時代の約束の言葉をイスラエル民族に語られたのです。クリスチャンに語ったのではない、イスラエル人に語ったのであります。しかし、イスラエル人たちは、それを自分の業によって、自分の肉的なつながりと肉的な誇りによって、〝わたしはイスラエルから生まれたのだから、イスラエルだ。アブラハムの血を引いているのだから、アブラハムの末だ〟という形で受け止めたのですね。これが間違いです。神様の言葉というのは、旧約の時代でも新約の時代でもいつの時代でも、「肉の子がそのまま神の子なのではなく」、むしろ神が「約束」してくださる「子」だけが「子孫として認められるのである」。「神の選びの計画」はいつでも、旧約の時代も新約の時代も、人間の業や肉的な根拠によらず、「召したかた」ご自身の主権的な自由な御業によって「行われる」のであります。

だから、わたくしたちはいつでも、神様の約束と御言葉を聞いたときに、〝わたしはアブラハムから生まれました、わたしはイスラエル民族なのです、わたしは洗礼を受けたキリスト教会員なのです〟というあらゆる肉的なことによって、「約束の子」であるかのように思うべきでない。いつもいつも、神様がわたくしをアブラハムの子と認めてくださるかどうか、わたくしを義と認め、子と呼んで召してくださるかどうか、この神様の判定と神様の召しにだけ生きる、謙虚なへりくだった信仰的な姿勢を取らない限り、神の御言葉は、確かに効き目を表さないでしょう。こういうふうにパウロは言いたいのではないかと思います。

ですからこの点では、例をアブラハムの時代から引こうと、ヤコブ・エサウの時代から引こうと、どこから引こうと同じでありまして、パウロが後ほど明らかにいたしますように、クリスチャンにも真実なことなのであります。もしもわたくしたちが生ける絶対的な神を信じているのならば、わたくしたちはいつでもこの神様の認めてくださる主権、召してくださる主権に、ただ自分を委ねるはずであります。
わたくしの肉的な保証や人間的なある望みの根拠に、希望を置くべきではありません。
祈ります。

神様。あなたは昔アブラハムの末、またイサクの末、ヤコブの末イスラエル民族に約束と契約とを充分にお与えになりまして、この民を訓練してこられたにもかかわらず、今日わたくしたちが見ますように、ユダヤ人の多くの者はイエス・キリストをメシヤとして受け入れず、キリスト教を信じず、神様の御心を悲しませているのでありますが、わたくしたちはそのことを通して、古い時代の神の御言葉が無効になり、神様の約束が廃棄されたかのように誤解をしがちであります。

神よ。あなたは決して変わりたもうことなく、またあなたの御言葉も変わることはありません。ただ、神の御言葉を受け、神様の御前に立つ人間たちの肉的な誇りと肉的な安心が、この約束の救いから人間をふるい落とすのであります。

どうぞ、わたくしたちが、自らもまた神様の御言葉と神ご自身の前にあって、自分の中にありますすべての肉的な誇り、人間的な拠りどころを捨てまして、ただ神様に神の子と認めていただきます神様の主権に、わたくしどもの一切を託しまして、いつも謙虚に神様に寄り頼みつつ生きる者とならせてください。

また、一日も早く、またひとりでも多くのユダヤ人たちが、自分たちが選ばれていたことの肉的な誇りから目覚めまして、神様の御言葉の前に謙虚になり、わたくしどもと共にナザレのイエス・キリストの前にひざまずく日がまいりますように、その日を来たらせてください。

キリスト・イエスの御名を通して、お願いします。アーメン。

九章一四―二四節

神の怒りの器とあわれみの器

では、わたしたちはなんと言おうか。神の側に不正があるのか。断じてそうではない。神はモーセに言われた、「わたしは自分のあわれもうとする者をあわれみ、いつくしもうとする者を、いつくしむ」。ゆえに、それは人間の意志や努力によるのではなく、ただ神のあわれみによるのである。聖書はパロにこう言っている、「わたしがあなたを立てたのは、この事のためである。すなわち、あなたによってわたしの力をあらわし、また、わたしの名が全世界に言いひろめられるためである」。だから、神はそのあわれもうと思う者をあわれみ、かたくなにしようと思う者を、かたくなになさるのである。

そこで、あなたは言うであろう、「なぜ神は、なおも人を責められるのか。だれが、神の意図に逆らい得ようか」。ああ人よ。あなたは、神に言い逆らうとは、いったい、何者なのか。造られたものが造った者に向かって、「なぜ、わたしをこのように造ったのか」と言うことがあろうか。陶器を造る者は、同じ土くれから、一つを尊い器に、他を卑しい器に造りあげる権能がないのであろうか。もし、神が怒りをあらわし、かつ、ご自身の力を知らせようと思われつつも、滅びることになっている怒りの器を、大いなる寛容をもって忍ばれたとすれば、かつ、栄光にあずからせるために、あらかじめ用意されたあわれみの器にご自身の栄光の富を知らせようとされたとすれば、どうであろうか。神は、このあわれみの器として、またわたしたちをも、ユダヤ人の中からだけではなく、異邦人の中からも召されたのである。

旧約聖書において神様の契約を受けておりましたイスラエル民族が今は不信仰と滅びの中にいる、という事実をどう考えたらいいのだろうかという問題が、九章以来の大きな問題であります。

パウロは、まず、この疑問に対して、八節に「肉の子がそのまま神の子なのではなく、むしろ――神様の――約束の子が――神の――子孫として認められるのである」。つまり、神様の約束の御言葉が、その約束を受け継ぐ者を創造するのである。あるいは一一節の終わりから「神の選びの計画が、わざによらず、召したかた――神――によって行われる」のである（一一―一二節イ）。神様の主権的な選びの御旨があるのである、と申しまして、今選ばれた少数のユダヤ人だけが信仰を持っているということは、決して旧約時代の神様の契約に反するわけではない、それでいいのだと、こういう角度からの答えを出したのであります。

今日は、このパウロの解答に対して人間的な理屈から出てきますふたつの反論と疑問を扱っております。

ひとつは、一四節「では、わたしたちはなんと言おうか。神の側に不正があるのか」。ある者を選び、そしてそれを成し遂げていくというのは不公平ではないか。この疑問であります。第二が一九節でありまして、「そこで、あなたは言うであろう、『なぜ神は、なおも人を責められるのか』」。そのように「神の選びの計画」どおりだとしたら、人間が責任を問われるのはおかしいではないか、「だれが、神の意図に逆らい得ようか」、御心のままではないか、という反論でございます。

パウロは九章から一一章までの段落の中で、いつも異邦人のクリスチャンを相手にして語っております。例えば一一章一三節に「そこでわたしは、あなたがた異邦人に言う」と語りかけております。他方、ユダヤ人のことを「彼ら」「彼ら」と呼んでいます（九・四、一〇・一など）。ですから、ユダヤ人問題を扱いながら、ここで、ユダヤ人たちから、そういうふうに神様の選びとか主権とかから今の不信仰を説明されたのでは立つ瀬がないと言って、感情を込めたユダヤ人自身の反論が出てきているのではありません。むしろ、自分の立場から言いますとある意味では他人事であります異邦人クリスチャンが、理論上、そういう議論では神様に「不正がある」ことになるんじゃないか、そういう理屈なら人間が「責められる」のはおかしいのではないか、という純理論的な疑問を出しまして、パウロがそれを解決するという手順であります。

一四節「では、わたしたちはなんと言おうか。神の側に不正があるのか」。

この、神様に「不正がある」か正義があるか。この問題をどうしても理論上も解かなければならないというのが、パウロの宗教と言いますか聖書の宗教の大きな特色であると思います。例えば、日本語で「神」と言えば、ただとにかく恐れ多いものをすべて「神」と言うのでありまして、正義であるかどうかということは問わない、怖いものはすべて神として祀られるのであります。が、聖書の教える宗教においては神に不正があるという疑いがちょっとでも起こるならば、それは由々しい問題でありまして、それでパウロは以前に三章五節にも「しかし、もしわたしたちの不義が、神の義を明らかにするとしたら、なんと言うべきか。怒りを下す神は、不義――不正――であると言うのか」と同じ問題を取り上げて、そのときも解決をしたわけであります。

さて、パウロは今日のところでも「断じてそうではない」(三・四、六参照) と頭から打ち消しまして、ひとつの実例を取り出します。

一五節「神はモーセに言われた、『わたしは自分のあわれもうとする者をあわれみ、いつくしもうとする者を、いつくしむ』」。

この第一の例は、出エジプト記の三三章一九節の引用でございます。昔、イスラエル民族が神様によってエジプトの奴隷であるところから救い出されまして、シナイ山まで来て、そこで十戒をいただき契約を結んでいただきましたときに、モーセの留守中イスラエル人たちは山のふもとで金の子牛の像を造りまして、それをもって神様を拝もうという偶像礼拝をしたのであります。神様は非常にお怒りになりまして、〝こういう民はもう約束の土地まで導いていかない。みんな見捨てて、モーセひとりをわたしはこれから導こう〟こうおっしゃいました。モーセが必死に神様に食い下がってとりなしましたあげく、神様は、〝まあ、それならば、イスラエルの民を連れていくことにするが、もうわたしが直接導くのではなくて、誰かひとりの御使いを遣わすことにしよう〟とおっしゃいました。モーセはさらに食い下がりまして、〝あなたご自身が連れていってくださるのでなければ、いやだ〟こう言いましたときに、神様がまた折れて、じゃあ、「わたし自身が一緒に行くであろう」と言ってくださいましたので、モーセが勇気を得て「どうぞ、あなたの栄光をわたしにお示しください」とお願いをしたことに対するお答えの一部であります。「わたしは恵もうとする者を恵み、あわれもうとする者をあわれむ」。

つまり、神様のご栄光が現れるのは、人がこれだけやったのだからそれに見合うだけの正当な報酬はこうだ、人はこれだけしかやらなかったのだからそれに見合う公正な報い方はこうだ、というような正義、不正義という扱い方をなさるときではなくて、むしろ「恵もうとする者を恵み、あわれもうとする者をあわれむ」ときに栄光が示される。こういうことが第一にここから教えられています。パウロが既に言った表現を使うならば、一一節「わざによらず、召したかたによって行われる」ことがよい。

さらに第二に、ここで自分の「あわれもうとする者」とか「いつくしもうとする者」というふうに二度、似たような表現が繰り返されて強調されております文章は、原文ではまだもっと強い表現でありまして、ちょっと日本語に訳しようがないのですが、「わたしがあわれもうとする者は誰でも」「いつくしもうとする者は誰でも」と訳したらいいような非常に強い表現が使ってございます。その気になればもう誰であっても主権的に自由に神様は選ぶことができる、この神様の主権的な自由、それがもうひとつここで教えられております。

さらには第三に、その神様の自由というものが、ただ何でもできるという自由ではなくて、「あわれむ」「いつくしむ」という形で示される自由であるというときに、神の栄光は最もよく現されるのであります。もし、すべての人が正義をもって神様から扱われたならば、すべての人が立ちどころに滅ぼされるほかはない。すべての人は罪を犯したゆえに神の栄光に価しない（三・二三）。ですから、

〝神様に不正があるのではないか、正義を示してくれ〟と言ったら、わたくしたちは皆むしろ滅ぼされるのでありまして、そうではなくて、神様の主権的な自由によって扱ってくださるとき、しかもその自由が「あわれみ」という自由であるときに、わたくしたちは救われるのであります。

ですから、一六節の結論「ゆえに、それは人間の意志や努力——競争——によるのではなく、ただ神のあわれみによるのである」。

この神の「あわれみ」こそ、九章から一一章までの議論全体のキー・ワードであります（九・二三、一一・三〇―三二）。

この、神様の「あわれもうとする者をあわれむ」ことのできる自由は、あわれみたくない逆の例を挙げることによって、もっとはっきりするでしょう。ですから、一七節でパウロは第二の正反対の例を挙げます。

「聖書はパロにこう言っている、『わたしがあなたを立てたのは、この事のためである。すなわち、あなたによってわたしの力をあらわし、また、わたしの名が全世界に言いひろめられるためである』」。

ここに引用されます第二の例は、先ほどの金の子牛の事件よりも前、まだイスラエル民族がエジプトの奴隷でありましたときに、神様がモーセを遣わして、エジプトの王パロと談判して、イスラエル人たちを国の外へ出させてほしいと談判をさせたときのことであります。パロはなかなか言うことを聞きませんで心を頑なにいたしましたので、神様から合計十の奇跡的な災いを受けて、遂にイスラエル民族を国外に退出させるのを許したのであります。で、この神様とパロの間の談判の中で語られました出エジプト記の九章一六節の言葉がここに引用されているわけであります。

なぜ、次から次へと刑罰をもって罰しながらも、その奇跡が神様の許しによって取り除けられますと、三度四度とパロは心を頑なにしてモーセの言うことを聞かないのか。なぜ、そんなにパロは何度も何度も心を頑なにすることを許されているのかというと、それはそのことによって「わたし――神様――の力をあらわし、また、わたし――神様――の名が全世界に言いひろめられるため」に、それを許しているのだ、というのであります。

当時の世界で最も強大な帝国でありましたエジプトの、それも最も絶大な権力を握っておりましたパロが立っておりますことにさえ、実は神様の思し召しがあるのである。そして、神様がパロを「立て」ている、つまり歴史の中のある役割をあてがって、その役割を果たすまで生き存えさせておられるのは、どういう役割があるのかというと、神様の「力」が彼をきっかけにして現れ、評判が「全世界に言いひろめられるために」、神様はこの頑ななパロを生き存えさせておられる、というのであります。実際イスラエルの出エジプトという出来事は、今日に至るまで全世界の歴史的な話題となって語られてきたのであります。それは、あのエジプトのパロが心を頑なにして何度も何度も抵抗したから、また神様の奇跡が何度も何度も形を変えて展開されたからでございます。もしモーセが〝国の外に行かせてくれ〟、〝ああ、いいよ〟と言ってパロが初めから物分かりよく外出させていたら、遂にイスラエルの「出エジプト」とかモーセの「十戒」とかいうものは映画にもならなかったのですね。

そこで結論。一八節「だから、神はそのあわれもうと思う者をあわれみ、かたくなにしようと思う者を、かたくなになさるのである」。

この前半の文章「神はそのあわれもうと思う者をあわれみ」、これは一五節で引用されたものとほぼ同じでありますが、今回は、とりわけ「思う」という言葉が強調されております。神様のご意志、これが確実に行われます。

そうして、この神様の「思い」、意志というものは、「あわれみ」の裏側であります「かたくなにする」ということにまで及ぶ、と一八節は言っているわけであります。

出エジプト記も、先ほど申しましたイスラエルを国外退去させるか否かという談判のプロセスを注意深くお読みになりますと、パロの「心がかたくなになった」こと（七・一三、一四、二二、八・一九、九・七）について、「パロが心をかたくなにした」という表現（八・一五、三二、九・三四―三五）と、それから主なる神が「パロの心をかたくなにされた」という表現（七・三、九・一二、一〇・一、二〇、二七、一一・一〇、一四・四、八、一七）とが入り乱れて出てまいります。ですから、パロが頑固になったのはパロ自身の責任なのか、それとも神様が頑なにしようと思ってなさった神様の御業なのか、どちらにも取れるように見えるのでありますが、実は一番最初に出エジプト記四章二一節で神様がパロの「心をかたくなにする」とあらかじめ明らかにして、この談判に入ったのであります。ですから、パロの心が頑なでありましたのにはパロ自身頑固になるという彼自身の意志もひとつの要素としては働いておりますけれども、確かにパウロの申しますとおり、究極的に言うならば、やはり神様が「かたくなにしようと思われた」ご意志がパロを頑なにしたのだ、と言うことができると思うのです。

このように言いまして、神様を正義か不正義かという理論でもって解剖し分析し批判すべきではなくて、絶対的な主権を持ちたもう神様の「あわれみ」の上にわたくしたちが寄りかかるほかないんだ、ということをパウロは申したわけであります。

そこで、この神様の絶対的なご意志が明らかにされるにつれて、一九節に語られます疑問がどうしても人間の側としては出てくると思うのですね。

「なぜ神は、なおも人を責められるのか。だれが、神の意図――意志――に逆らい得ようか」。神があわれもうと思う者があわれまれ、神がかたくなにしようと思う者がかたくなになるのならば、みんな神様のご意志どおりなのですから誉めていただいて然るべきではないか、という神の意志と人間の責任という大きな問題が出てくるわけであります。

普通、この種の問題に対しましては、キリスト教の神学の上では、神様の「思い」と言いますか御心に種類分けをいたしまして、そうして人間の責任と調和させます。

まず、神様の無限の御心の中に、わたくしたち人間にはうかがい知ることのできない、何をなさろうとしているのか隠されている御心、というものがございます。〝隠された御心〟。で、この隠された御心の中に、〝ああもしよう、こうもできる〟という可能性を夢見る思いというものがあり得ると思うのですね。例えば、パロを非常に素直な王様にしておいたらどうなっただろうという可能性は、確かに考えることができますね。この、可能性として考えられるご意志、思いがあります。

けれども、その無限の可能性の中から、神様は結局エジプトの「パロは心を頑なにする」ということにしよう、と実際行うことを決定されたご意志がございます。これは、決定されたご意志ですから、確実にそれが歴史の上に実現してくるものでありまして、これが、先ほど一八節で「神はそのあわれもうと思う者をあわれみ、かたくなにしようと思う者を、かたくなにする」と言われた「思い」であります。神学的にこれを神様の「聖定的な意志」あるいは「摂理的な意志」と呼んでいます。わたくしが明日どういうことを体験するであろうか、神様はわたくしに明日どういう摂理をなしたもうか、わたくしには隠されておりますが神としては実行を計画しておられる確かな御思いがあります。この「隠された聖定のご意志」から言いますと、確かに人は「神の意図に逆らい得ない」、そのとおり動かなければならない。

しかし神様には、またもうひとつ違う御心があります。それは、人格のある者が自分の行動を人格的意識的自覚的に選び取っていくにあたって、その指針となるように「汝姦淫するなかれ」「汝殺すなかれ」といろいろな戒めを表しておられる。これも神様のご意志であります。これは、わたくしたちに〝表された神の意志〟でありまして、このような聖書の教えとか戒めに表された神の思いから言うと、人は「逆らい得る」のです。いくらでも神様の戒めを破ることが現実にあるのです。そのとき、人格ある者は神様の〝表された御心〟を破った責任を問われます。

ですから、確かに神様の〝隠された聖定の意志〟には逆らい得ません。したがって、その点では人は責められません。しかし、人には動物や物体とは違って神様の〝示されたご意志〟が聖書によってさらに与えられておりますので、人間だけはこの示されたご意志に逆らうか服従するかの責任を問われるのであります。

神学的にはこのように答えるのでありますが、パウロは、今日の所ではそのような答え方をしておりません。パウロは、旧約聖書以来預言者がたびたび説教をしてきた基本的な神と人の区別を、ここで取り上げるのです（イザ二九・一六、四五・九、エレ一八・四など）。

二〇節「ああ人よ。あなたは、神に言い逆らうとは、いったい、何者なのか。造られたものが造った者に向かって、『なぜ、わたしをこのように造ったのか』と言うことがあろうか。陶器を造る者は、同じ土くれから、一つを尊い器に、他を卑しい器に造りあげる権能がないのであろうか」(二〇—二一節)。

もちろん、あるのであります。土の塵から人は造られ、神は、わたくしたち人間から言うならば対等に〝どうだこうだ〟と議論できる喧嘩相手ではなくて、わたくしたちの造り主であられるという格段の差のあるお方、わたくしたちが対等に膝をつき合わせて議論できないような「権能」をお持ちのお方であります。

その上にさらに加えて、どんなにこの神様がわたくしたちちっぽけな人間では比較にならないほどの無限の知恵をお持ちであるかということを、二二節以下にパウロは明らかにしまして、わたくしたちの口を封じます。

「もし、神が怒りをあらわし、かつ、ご自身の力を知らせようと思われつつも、滅びることになっている怒りの器を、大いなる寛容をもって忍ばれたとすれば、かつ、栄光にあずからせるために、あらかじめ用意されたあわれみの器にご自身の栄光の富を知らせようとされたとすれば」(二二—二三節)、二四節「神は、このあわれみの器として、またわたしたちをも、ユダヤ人の中からだけではなく、異邦人の中からも召されたのであ」れば。

この二二節から二四節までは実はひと続きの文章でありまして、しかも結びのない、途中でちぎれた文章であります。口語訳聖書が二三節の最後に「どうであろうか」と一応補っております言葉は、二四節の最後に回していただきたい言葉であります。二二節から二四節までずらずらずらっと「もしこうならば」、という文章があって、「どうであろうか」と後はぼかしています。

さて、この二二節から二四節までの「もしこれこれならば」という文章がまた長い難しい文章であります。結論的に言いますと、まず二二節の「神が怒りをあらわし、かつ、ご自身の力を知らせようと思われつつも」と口語訳が逆になるように訳してしまいましたところは、思ってはいるが実行はそうではないという「思い」ではなくて、一八節から一九節へと続いております神様の「聖定的な思い」を語っているわけですから、必ず思ったとおりのことが成る「思い」のことを語っているのでありますから、「思ったから」と訳すべきであります。「思ったから、滅びることになっている怒りの器を――すぐその場で即決さばいてしまわないで――、大いなる寛容をもって」生き存えさせて、いよいよ頑なに反抗することを許すことにした、というのであります。

そして二三節は、その目的を表現します。どうしてそんなことをするかというと、「栄光にあずからせるために、あらかじめ用意された――栄光へと用意された――あわれみの器にご自身の栄光の富を知らせるために」、そしてその神様の「あわれみの器」に「ユダヤ人の中からだけではなく、異邦人の中からも召すために」、神様は「怒りの器」を生き存えさせているのだとすれば、「どうであろうか」、とこういう文章であります。ややこしいですね。

掻い摘んで言いますと、こういうことなのです。神様は、「怒りの器」と「あわれみの器」とを思いのままに造られます。ところで神様は、この「怒りの器」を神様の「力」をより広く表す道具として使うために「寛容をもって」いつまでもいつまでも生き存えることを「忍んで」おられる。それは何のためかというと、パロが頑固を繰り返すおかげで、神の「力」がどんどんどんどん語り広められる。そのことによって、「異邦人の中からも——神様の「あわれみの器として」——召される」者が出てくる。そういうことのために忍んでおられるのだとすれば、文句を言うことはないじゃないか、こうパウロは言っているわけであります。この神の「怒りの器」「あわれみの器」という句は、聖書の中でここにしか出てきません。

人の判断で言うと、何ゆえ神様は尊い器と卑しい器とを造るのだろうか、と単刀直入に疑問が湧くのでありますが、造り主なる神様の無限の知恵から言うと、一方でその「怒りの器」が耐え忍ばれることによって神の力と御名がいよいよ語り伝えられて「あわれみの器」が増える、救いに入る者が「異邦人の中からも」起こされる、こういう知恵があるのだとすれば、「人よ」、あなたは何を言うのか、とこういう議論であります。

さて、今日のところは、神様が思いのままに「怒りの器」と「あわれみの器」を選ばれるという有名なカルヴィニズムの二重予定、いのちに選ぶことと滅びに遺す定めと二重の予定を教える箇所として、古くから愛用されてきた聖句でございますので、わたくしたちはそういう誤解を最後に解いておかなければならないと思います。

パウロは今日のところで非常に慎重な語り方をしているのであります。

例えば二二節で「怒りの器」を語りますときに、「滅びることになっている」と訳されております。これは、日本語では分かりにくいですが、「彼らが滅びへと形造られていた怒りの器」、あるいは「彼らが自らを滅びへと形成していた怒りの器」という言い方でありまして、神様が滅びるようになさったとは言わないのです。実際そうだとしても、少なくとも語らないのです。

反対に、二三節の「あわれみの器」の方では、「栄光にあずからせるために、あらかじめ用意された」という「された」は敬語の「された」でありまして、神様が「用意したもうたあわれみの器」という非常にはっきりとした表現を採っているのです。「あわれみの器」と「怒りの器」は対等に同じように神様に関係付けられているのではなくて、「あわれみの器」の方は神様が栄光へと用意し、「怒りの器」は彼らが自らを滅ぼしている、と区別されています。

その上さらにパウロは、先ほど断りましたとおりこの文章を「もし～ならば、どうであろうか」という中途半端な文章でちぎっておりまして、〝こうなのだ、これ以外に考えられない〟とは決して断言していないのであります。あるひとつの思想に体系化しようとはしないのです。

何よりも大事なことは、既に前回の六節から一三節でわたくしたちが見たとおり、ずっとパウロが議論しておりますことは、歴史の上でユダヤ民族が何ゆえなかなかキリスト教に入って来てくれないのだろうという歴史上の役割についての議論でありまして、あの世における永遠のいのちに入るか地獄に落とされるかという議論をしているのではありません。何ゆえ地上でパロはイスラエル民族の願いをあんなに頑なに拒み続けたか、という地上のあるパロのあり方、これが神様の主権的な思いどおりであるということを言っているのでありまして、永遠の運命に関わる予定がここで教えられているわけではありません。

パウロが、もともと九章の初めから一一章の終わりまで悪戦苦闘して解答を得ようとしております問題は、あくまでも、彼の同胞ユダヤ民族が何ゆえ今メシヤの来たときにその信仰に入ってくれないのか、というユダヤ民族問題であります。彼は、今日の最後の二四節で、この「あわれみの器として、……「怒りの器」の議論をその自分の問題へと持ってきています。「神は、このあわれみの器」とユダヤ人の中からだけではなく、異邦人の中からも」、「わたくしたちを召し」ておられる。

何ゆえ「異邦人の中から」、「あわれみの器」としてわたくしたちを「召された」か。それは「怒りの器」が神様に「寛容をもって忍ばれ」、その「かたくなさ」がかえって福音を異邦世界まで広めることになったからです。こうパウロは言っています。つまり、明らかにここで、パウロは「怒りの器」として今頑なになっている同胞ユダヤ民族のことを考えているわけです。もっと言うならば、それは一七節で引用されましたかつてのエジプトの王パロの頑なさ、あの役割が、今大部分のユダヤ人たちが頑なになっていることに見られる、と言っているわけです。ユダヤ人たちが頑なにイエス・キリストの福音を拒みましたから、教会は異邦人へと伝道に行ったのです。だからこそ、「異邦人の中から」今「あわれみの器」がたくさん「召され」ているわけです。このことに、今パウロは神様の知恵を賛美しているのです。

一一章の一一節「そこで、わたしは問う、『彼らがつまずいたのは、倒れるためであったのか』。断じてそうではない。かえって、彼ら――ユダヤ人――の罪過によって、救いが異邦人に及んだ」のだ。一二節「しかし、もし、彼ら――ユダヤ人――の罪過が世の富となり、彼ら――ユダヤ人――の失敗が異邦人の富となったとすれば」、あるいは一五節「もし彼ら――ユダヤ人――の捨てられたことが世の和解となったとすれば」、あるいは二五節「兄弟たちよ。あなたがたが知者だと自負することのないために、この奥義を知らないでいてもらいたくない。一部のイスラエル人がかたくなになったのは、異邦人が全部救われるに至る時までのことである」。

明らかにパウロは、今「かたくな」になっているユダヤ民族が何ゆえ神の「怒りの器」であるか、このことを議論しているのです。モーセの時代には、イスラエル民族を弾圧した「パロ」が神の「怒りの器」であり「かたくな」でありました。しかし、今は、所を変えましてそのユダヤ民族が「かたくな」になり、パロの役割を占め、「怒りの器」になっているのであります。ですからここでパウロが言います神様の御業とか思いというのは、予定論で言うような永遠の運命を決するという問題ではありません。あるときは「あわれみの器」であった者が、時代が変われば「怒りの器」に変わってしまう、そういう危険のある、歴史上の役割のことであります。

もし、わたくしたちが神様の前で傲慢にも〝神様の正義を見せろ、神様は正義に基づいてわたくしたちを扱え〟と議論したり、神様とわたくしたちとが対等にむきになって〝わたくしたちにどういう責任があるのか、おかしいじゃないか〟と開き直るようであれば、たちまち、「あわれみの器」は「怒りの器」となり、心を頑なにして行う役割に転落しうるのであります。

パウロが今同胞ユダヤ民族の問題を悲しんでこのように語っておりますのとはいくらかスケールが違いましても、確かにわたくしたちの人生の中で、またわたくしたちの歴史の中で、人間的には不公平というものが確かにございます。ある民族は何ゆえ他の民族よりも暗い過去を歩んだか、ある家はある家よりも何ゆえあんなにもたくさんの不運と悲しみを背負ってきたのか、ある個人よりもある個人は何ゆえそんな不幸を背負わされたのか。人生と歴史の中には、確かに「怒りの器」や「あわれみの器」と思われるいろいろな区別があるのであります。わたくしたちがそういうことを体験しまして、〝わたくしは小さい時そういうふうであったから今度はこういうことをしたい〟、〝わが家はこういうふうであったから、今度はこういう家にしたい〟、あるいは〝日本の国は過去はこうであったから、今度はこうしたい〟。いろいろとそこから自分の設計をするのでありますけれども、パウロが今ここで議論しておりますところは、最も根源的なわたくしたちの考え方を教えているところではないかと思うのであります。

人は、神と対等に論じ合う立場にはいない。

したがって、神様の正しさは、抽象的な可能性だとか夢で〝こうもできたのではないか〟と論ずべきではなくて、事実神がなさった歴史を通してしか議論できない。

そして神様が事実をもって明らかになさった神の御思いが、公平であるか、あるいは良かったのかということは、その神様のなさった事実と摂理の中に、わたくしたち被造物には思いもよらない遠大な計画があって、そこから思いもよらない恵みと益とが刈り取られることを見出すことしかできない。

そのようにして、わたくしたちがただ神の「あわれみ」によってゆるされて生かされていることを感謝するということとしか、わたくしたちとしては辿り着く結論はあり得ないのではないかと思うのであります。

神様の「あわれみ」に一切の根源を見出すということは、どういうことでしょう。それは、神様の主権性と自由を認めるということであります。同時に、その神様がわたくしを、あわれみ、愛という動機でもって自由に扱っていてくださるという神様の基本的な動機、愛を信ずるということでありま す。

ですから、わたくしたちが、自分の民族、自分の家、あるいは自分個人が何か不公平な扱いを受けたのではないかとつぶやきたくなりますときにも、わたくしたちはなお、この絶対なる神様のあわれみにすがりまして、わたくしは今この神様からわたくしに対する愛と恵みとあわれみをもって扱われているということに最も大きな慰めを見出したい、と思うのであります。

これは、人間の一番ラディカルな強い生き方ではないかと、わたくしは信ずるのであります。

祈ります。


神様。かつては、あなたのあわれみと一方的な恵みによって、頑ななパロの権力から救い出されたイスラエルの民が、しかし、あなたの契約の前で己の心を頑なにし、神様と相対立するほどの怒りの器と変わりました事実を思い知らされまして、今わたくしたちがあなたの御前に自分の過去を振り返り、かつて怒りの器であった者があわれみの器とせられ、神様のあわれみにすがって生きる望みを与えられております幸いを、心から賛美いたします。

どうぞ、わたくしたちが、この神様のあわれみの前で、口答えをし、あるいは言い逆らうのではなくて、本当に神様の無限の栄光と愛とを心からほめたたえて生きることができる者と、ならしめてください。

わたくしたちが、そのようにして心砕かれ、一切の人間的な拠りどころを捨てて、ただあなたのあわれみに寄りすがりますとき、すべての困難を乗り越えることができる最も強い力を与えられますことを、わたくしたちは信じます。

どうぞ、わたくしたちが、今日の時代にあって、またさまざまな問題があります中で、神のあわれみを最後の拠りどころとすることができますように、導いてください。

キリスト・イエスの御名を通して、乞い願い奉ります。アーメン。

九章二四―二九節

イスラエルの残された者

神は、このあわれみの器として、またわたしたちをも、ユダヤ人の中からだけではなく、異邦人の中からも召されたのである。それは、ホセアの書でも言われているとおりである、

「わたしは、わたしの民でない者を、
わたしの民と呼び、
愛されなかった者を、愛される者と呼ぶであろう。
あなたがたはわたしの民ではないと、
彼らに言ったその場所で、
彼らは生ける神の子らであると、
呼ばれるであろう」。

また、イザヤはイスラエルについて叫んでいる、

「たとい、イスラエルの子らの数は、
浜の砂のようであっても、
救われるのは、残された者だけであろう。
主は、御言をきびしくまたすみやかに、

地上になしとげられるであろう」。
さらに、イザヤは預言した、
「もし、万軍の主がわたしたちに
子孫を残されなかったなら、
わたしたちはソドムのようになり、
ゴモラと同じようになったであろう」。

ユダヤ民族が聖書において神様の契約をいただきながら現実には心頑なに信じていないではないか、という問題を一節から五節でパウロは語り出しました。この問題に対して、まず六節から一三節までを通して、いや、神様の約束は肉の血統ではなくて神様の主権的な約束の御言葉が生み出す子孫に実現するのである、とパウロは明らかにしました。一四節から続きまして、この神様の主権的な御業と選びは、神様の愛に基づく自由であるということを一八節までに語りました。ただ神様の愛に基づく主権的な自由というだけではなくて、そこに人の考えをはるかに越えた豊かな知恵があるということを、一九節から二四節までで明らかにしたのであります。

で、その思いもよらぬ神様の知恵とはどういう知恵かと言いますと、一言で言えば、かつては神の「あわれみの器」とされていたイスラエル民族が今は心を「かたくな」にして、むしろ「怒りの器」となったおかげで、神様の「あわれみの器」に「ユダヤ人の中からだけでなく、異邦人の中からも」クリスチャンが「召される」ということが出てきた。このことをパウロは、二四節で明らかにしたのであります。

「ユダヤ人の中から」と言われています。「中から」と言うからには、つまりユダヤ民族だからと言って自動的に「あわれみの器」になるわけではない、一部だけだ、ということを示しています。また「異邦人の中からも」と言われております。これも、やはり異邦人ならば皆「あわれみの器」になるかというと、そうではなくて、その内の神に選ばれた一部である。

この「ユダヤ人の中から」神に選ばれた者だけが約束の子であるということを、今日お読みしました二七節から二九節のイザヤの預言を使ってパウロは説明します。それから「異邦人の中から」も「あわれみの器」が「召され」ているというもうひとつの点を、二五節と二六節のホセア書の引用を使って明らかにいたします。

ですから今日のところは、二四節で彼が申しましたことを旧約聖書のあちこちから言葉を引いて裏打ちをする箇所であります。が、また同時に、今までずっと六節から一三節までに強調しました神の契約を受ける者は神様の御言葉が生み出す、あるいは一四節以下で語りました神様の「あわれみ」と「いつくしみ」が神が人間を取り扱われるときの基本原理なのだ、このことを旧約聖書を使って具体的に説き明かしている、と見ることもできるのではないかと思います。

まず第一に、今日は、ちょっとここに限らないで、九章から一一章までは三つの節の内の一つの節以上が旧約聖書の引用だという箇所でございますので、パウロの旧約聖書の使い方なり理解を少し学んでおきたいと思います。

九章から一一章までにパウロが非常に頻繁に旧約聖書を使っておりますす使い方を注意しますと、およそ三通りの引用の仕方をしています。

一番多いのが、既に紀元前二、三世紀に作られていましたギリシヤ語訳旧約聖書を使って引用する。何しろ読者がローマの異邦人でありますので、ヘブライ語ではなくて皆に分かるギリシヤ語訳を使って引用する。これは、わたくしどもが今日本語訳で説教をするのと同じ原理であります。

第二にパウロは、時々、ヘブル語の原典聖書から自分で自由に翻訳をして引用しております。これも、わたくしが説教の中で時々〝口語訳はこうだけれども、本当はこうだ〟と訂正をいたしますようなもので、自分の目的により良く合いますときにはパウロはおかまいなしにヘブル語旧約聖書から直接翻訳をして引用をいたします。

第三に、これは大変面白いものでありますが、パウロは、あちらとこちらの旧約聖書の言葉を混ぜ合わせて引用するということをいたします。それが、来週学ぼうと思っております九章の三三節に見られるものであります。この三三節は、イザヤ書のすっかり違うふたつの聖句を混ぜ合わせて引いているところであります。

このようなパウロの三種類の旧約聖書の引用の仕方を考えますと、聖書というものは、いわゆる本の形になり、字で印刷され、文字と文章で綴られているものだ、という物理的な側面よりも、パウロは内容にこだわる。内容さえ伝わるならば、ギリシヤ語訳だってかまわない、自分の自由な個人訳でもいい、ときには混ぜ合わせたってかまわないというほど自由に、聖書の言わんとしていることをパウロは大事にしています。

テモテへの第二の手紙の三章一六節に、「聖書は、すべて神の霊感を受けて書かれたものである」、

〝聖書は、すべて神の霊感の作だ〟と教えられています。で、たびたび、この「霊感」というのは、例えばパウロならパウロが書いた一番初めの原典原筆聖書について言われる、と教えられてきたことが多いのでありますが、わたくしの考えでは、パウロはそういうことをここで言っているのではない。〝すべて聖書は霊感の作だ〟とパウロが申しますとき、そのすぐ前の一五節で分かりますように、テモテが「幼い時から、聖書に親しんできた」、その聖書のことを彼は語っているわけですね。お父さんがギリシヤ人、お母さんだけがユダヤ人であるというちぐはぐな家庭で育ったテモテが（一・五、行一六・一）、小さいときから読んでいたものとは、言うまでもなくギリシヤ語訳の聖書に違いありませんが、そのように翻訳されてあなたが日曜学校のときからずっと読んできた身近な翻訳聖書が神の霊感の作である、と言っているのだと思います。また、この聖書はこれからも「人を教え、戒め、正しくし、義に導くのに有益である」。何も、原典ヘブル語聖書と原典ギリシヤ語新約聖書が読めないと神の霊感のご利益がない、というのではないのですね。ちょっとは間違っている翻訳でも結構です。内容が伝わるならば、そこで神の人は整えられ、有益な益を受けるのであります。現にテモテは、「キリスト・イエスに対する信仰によって救に至る知恵」をそれで持ったのです。わたくしたちはこのことを、今日第一に確認したいと思います。

聖書が霊感の作である、神の書であると申しますのは、信徒の方々が読めもしないヘブル語旧約聖書とギリシヤ語新約聖書とが霊感されてありがたいけれども、わたくしたちの買っております口語訳なり新改訳の聖書は、どうも先生の説教を聞いているとよくあっちこっちが違っていて、あんまり頼りにならないいんじゃないか、そういうふうに考えるべきではない。一言一句、細かなところにいきますと訂正を要するかもしれませんが、少なくとも〝イエス・キリストを知って救われるために信仰を持つ〟ということについて、日本語訳聖書は充分有用であり、その意味で「神の霊感の作」であります。

もうひとつ、パウロの旧約聖書の使い方から、今日覚えていただきたいことがございます。

実は、旧約聖書は今のような配列とは違いまして、パウロなどが知っておりましたヘブル語旧約聖書は大きな三本立てに区切れておりました。一番最初の部分は、創世記から申命記までのいわゆるモーセ五書を『律法』と呼んでいました。その次は、ヨシュア記から歴史的な本が四冊と、それからイザヤ、エレミヤ、エゼキエルなどの預言書などがありまして、これを『預言者』と呼んでおりました。預言者が書いたものであれば歴史物であれ預言書であれ全部『預言者』として第二の部分に納めております。最後の第三のところが、詩篇とかヨブ記のような、いわゆる文学的な『もろもろの書物』と呼ばれた部分であります。

ユダヤ教のラビたちは、例えば聖書からいろんな教えを引き出してまいりますときに、その教えを支持する聖書の箇所をなるべくその三本立てのひとつひとつから採るように心がけたものであります。このやり方が、さすがパリサイ派の訓練を受けましたパウロの場合非常によく身に付いていて、意識してしたかどうか知りませんが結局そうなっているのですね。

例えば、今まで見たところを申しますと、まず九章七節に、彼は創世記から引用します。九節もまた創世記であります。それから、一二節も創世記であります。つまり、三本立ての中の第一の『律法』から引いてきたわけですが、それで終わらないで一三節にぽこっとマラキ書という『預言者』から引いて、自分の言っていることは『律法』からも『預言者』からも支持される、というふうに組み合わせる。

新しい段落に進みますと、一五節は出エジプト記から引かれました。一七節もそうであります。ところが二〇節、二一節で、陶器と陶器師という有名な預言者のよく使うたとえを取り出してきまして、今日のところでホセア書、イザヤ書という『預言者』を使うのです。

一〇章へまいりますと、五節で、モーセは「律法」でこう言っていると申します。これが、八節あたりまで続くのでありますが、申命記からの引用です。それに一一節で「すべて彼を信じる者は、失望に終ることがない」という預言者ハバククの言葉を添える。ここでも『律法』の後『預言者』を付け加えています。

また新しい段落に進みまして、一〇章の例えば一四節以下で「イザヤ」を引き、一八節で第三区分の詩篇を引き、一九節で「モーセ」がこう言ったと第一の区分から引いたかと思うと、二〇節以下は「イザヤ」という『預言者』第二区分から引きます。

一一章に進みまして、三節や四節や八節は『預言者』なのですけれども、九節まで行きますと「ダビデ」の詩篇から引きまして第三の区分から支持を求める、こういうやり方であります。自分の言っていることが決して一面的でない、聖書全体の教理である、ということを訴えるわけであります。

このことはまた、わたくしたちに大変具体的に大事なことを教えるのではないかと思います。聖書というものはむらなく読んでいなければならない。好きなところだけ、ヨブ記だけ一所懸命読んで、レビ記はさっぱり読んでいない。そういうのでは、困るわけです。『律法』も『預言者』も『文学』

も、むらなく聖書を読んでいること。

それから、わたくしたちがクリスチャンとして生活の中でどうすべきか、どう考えたらよいかと迷いますときには、当然聖書の教えはどうだろうかと言って聖書に指針を求めると思うのですけれども、そのときになるべく、旧約からも新約からも、律法からも預言者からも文学書からも福音書からも手紙からも、いろんなところから見て、自分の今考えていることが旧新約聖書全体に支持されているかどうか、そのことを考えるようにしていかなければならないと思うのです。

これがまず、これから一一章まで長く学んでまいりますパウロの旧約引用の初めにあたって、一言申し上げておきたかったことであります。

さて、その次に二五節、二六節を使ってホセア書を学ぶことにしたいと思います。

二五節「それは、ホセアの書でも言われているとおりである、『わたしは、わたしの民でない者を、わたしの民と呼び、愛されなかった者を、愛される者と呼ぶであろう』」。

これは、ホセア書の二章二三節の前半と後半の順序を逆転した引用であります。「わたしはわたしのために彼を地にまき、あわれまれぬ者をあわれみ、わたしの民でない者に向かって、『あなたはわたしの民である』と言い、彼は『あなたはわたしの神である』と言う」。

ここの「あわれまれぬ者をあわれみ」、これがパウロの場合には後ろに来ています。そして「わたしの民でない者に向かって、『あなたはわたしの民である』と言い」、こちらの方が先に出てきているのであります。

それから、次に二六節「あなたがたはわたしの民ではないと、彼らに言ったその場所で、彼らは生ける神の子らであると、呼ばれるであろう」。

これは、ホセア書の一章一〇節の後ろ半分であります。「さきに彼らが『あなたがたは、わたしの民ではない』と言われたその所で、『あなたがたは生ける神の子である』と言われるようになる」。

どちらも、ギリシヤ語訳を少し修正してパウロは引用しています。特にホセア書二章二三節を前後ひっくり返しております引用は、実はペテロの第一の手紙の二章一〇節にもやはりそのように引用されています。「あなたがたは、以前は神の民でなかったが、いまは神の民であり、以前は、あわれみを受けたことのない者であったが、いまは、あわれみを受けた者となっている」。パウロもペテロもひっくり返して引用したということは、言い換えれば、こういうホセア書の読み方がキリスト教会で普及していた、ということではないかと思います。

さて、「ホセア」。滅多にお読みになることがない本ではないかと思いますので、今日はこれをご説明したいと思います。

「ベエリの子ホセア」。「ホセア」という名前は「救わせた」という意味の名前でありますが、彼は一章一節によりますと「ユダの王ウジヤ、ヨタム、アハズ、ヒゼキヤ」という四代の王様の時代にいた人です。南ユダ王国のウジヤからヒゼキヤまで、数字で言いますと紀元前七六七年から六八六年のおよそ八十年間に及ぶ非常に長い漠然とした年代をまず挙げてあります。しかしその中で、特にホセアが預言したのは北の「イスラエルの王ヨアシの子ヤラベアムの世」であると、もっと限定しております。これはユダ王国の北隣りにありましたいわゆるイスラエル王国のヤラベアム二世でありまして、紀元前七八二年から七五三年まで、およそ三十年近く治めた非常に有名な大王であります。このときに、ホセアはその北イスラエル王国で預言をしたのであります。

彼はおそらく本当に若いときに預言者として召されたと思うのですけれども、その若くして召されました最初に主がホセアに言われた言葉は、何と、あなたは「行って、淫行の妻と、淫行によって生れた子らを受け入れよ」、こういう命令でありました（一・二）。〝性的に淫らであることで知られているような娘をあなたの妻にもらい、それで、あなたと妻の間に生まれてくる子供は、そういうふしだらな奥さんなのですからどこの何者の子供とも知れないだろうが、生まれてくる子供を子として受け入れなさい。何ゆえかなれば、今「この国は主にそむいて、はなはだしい淫行をなしている」、そのことのひとつのしるしにするんだ〟と、こう神様はおっしゃるのであります。

これは、本当にショッキングなことではないかと思うのですね。若い男が生涯初めての結婚をするときに、なるべくなら美人で健康で心根が優しくてという花嫁さんをもらいたいと思うのですけれども、わざわざ淫らなことで知られている女をもらえ。

「そこで彼は行ってデブライムの娘ゴメル」という女を娶ったのであります。

そして彼女は身籠りまして、「彼に」「男の子を産んだ」（三節）。すると、神様はその男の子に「エズレルと名づけよ」とおっしゃいました。「しばらくしてわたしはエズレルの血のためにエヒウの家を罰する」からだ。そのしるしとして、おまえの息子を「エズレル」と名づけよ、というのです（四節）。今ホセアの時代にイスラエル王国を治めておりますヤラベアムの王朝は、実は父とそのおじいさんとそのもうひとつ前の代に、当時のオムリ王朝をクーデターで倒しまして、「エズレルの谷」で王様とお后の血を流し殺して王位を簒奪した王朝であります。このクーデターのあまりに血なまぐさい残酷なやり方に対して、神は〝必ず罰する〟というのであります。

やがて、ゴメルはまた身籠りました。そして、「女の子を産んだ」（六節）。今度は、「彼に」産んだとは書いてありません。あるいは、そろそろこの頃からホセアは自分の妻の不貞に気がつきだしたのかもしれません。神様は生まれてきました女の子を、「ロルハマと名づけよ」、とおっしゃいました。「ルハマ」とは二章一節に説明がありますとおり「あわれまれる女」という意味でありまして、頭の「ロ」は英語のノットという否定詞であります。「あわれまれない女」と言います。この「ルハマ、あわれまれる女」という言葉の語源は、女の「母胎」からできています。ですから、「ルハマ、あわれみ」とは、お母さんが母胎を揺さぶられるようにして感ずるようなあわれみ、預言者イザヤが〝女がその腹を痛めて産んだ子供を忘れるようなことがあろうか、当然あわれむのだ〟と言いました（四九・一五）そのような母性の肉親愛であります。しかし、ホセアは、今度生まれた女の子には、「ロルハマ」という、肉親としてのあわれみと愛情を持たない、不貞の子である、と名づけなければならない。それは、神様がイスラエル王国をあわれまないというさばきのしるしであります。

やがて、ゴメルはこの女の子を「乳離れさせ」ました。ユダヤの人たちは、三年くらいかかって乳離れさせますから、だいぶ間があるかと思いますけれども、第三番目の子供を身籠りまして、また「男の子を産んだ」。これもまた、「彼に」という言葉が付いておりません。神様は、今度の子供には「ロアンミと名づけよ」とおっしゃいました（八節）。「ロアンミ」とは、二章一節に書いてあるとおり「アンミ」とは「わが民、わが身内」という意味でありまして、それに「ロ」という打ち消しが付いています。「身内ではない」、どこの馬の骨とも知らない者の子だ、とホセアは第三番目の子に名を付けたのであります。これは、神がイスラエルの民に対して、〝おまえたちはわが民ではない、ロアンミ〟と宣言される決定的なさばきのしるしであるのです。

この、ホセアの非常に悲劇的な家庭体験を織り込みながら、二章でホセアの預言が語られます。そうしてその間に、淫行の妻ゴメルはどうやら情夫の下に駆け落ちしてしまったようであります。三章になりますと、「主はわたしに言われた、『あなたは再び行って、イスラエルの人々が他の神々に転じて、干しぶどうの菓子を愛するにもかかわらず、主がこれを愛せられるように、姦夫に愛せられる女、姦淫を行う女を愛せよ』と」(一節)。神様がホセアに語りかけて、〝その姦通相手のところに走ったかつての妻を、金品を払ってでも買い戻して、もう一度愛するように。それは、主が背信のイスラエルをそれにもかかわらず愛したもう愛のしるしとしてだ〟。こういうふうにお命じになったのであります。

これが、ホセアという非常に特異な預言者の家族体験と、それを織り交ぜたユニークな、神のあわれみの預言であります。

お分かりのように、このような文脈の中で神様がまず「わたしの民でない」と宣言した相手とは、イスラエル民族であります。契約のゆえに神の子ら、神の民だ、とおまえたちは思っているかもしれないが、「ロアンミ、わが民でない」「わたしはあわれまない、ロルハマ」と神様が拒絶された相手は、イスラエル人であったのです。それを、再び神様は愛をもって回復してくださる、という預言なのですね。パウロが、それをロマ書の九章で引いておりますときには、事情が違います。「わたしは、わたしの民でない者を、わたしの民と呼び」。ここで言う「わたしの民でない者」とは、もともと神の契約の民でなかった異邦人であります。ここで「愛されなかった者」とは、滅び行く世間一般の外国人のことであります。

しかし、パウロの深い理解によれば、あのホセアが語っていた「ロアンミ」「ロルハマ」と呼ばれたイスラエルと、それから神様も何も知らなかった異邦人とは、何の変わりもない。異邦人ももとはと言えばアダムにおいて神の子であったのが、堕落以来、背教してきた罪人なのであります。イスラエルももともとは、そういう堕落した罪人であった。その点では、イスラエル人と日本人と選ぶところはありません。

それから、かつて信じていたが今は不品行を行い神様から背いた背信のイスラエルを再び連れ戻すという愛と、それから神様を知らないで育った異邦人を初めて神様に連れ戻すという神様の愛と、これはどちらも、相手方に何の根拠もない、ただ神様の一方的なあわれみの奇跡としてだけ成り立つのですね。

ですからパウロは、あのホセアの預言をためらうことなく、「異邦人の中から」も「あわれみの器」が「召された」ことの証明のために、引用したわけであります。

最後に二七節から「イザヤは、イスラエルについて叫んでいる」と言われています。「叫んでいる」というのは、これは並大抵のことではない特別に注意を要する大事な預言なのだ、という意味だと思います（一〇・二〇参照）。

二七節から二八節にパウロが引用しておりますものは、イザヤ書の一〇章二二節から二三節の引用であります。イザヤ書の一〇章二二節に「あなたの民イスラエルは海の砂のようであっても」という書き出しがあるのですが、パウロはロマ書で引用しますときには、「イスラエルの子らの数は、浜の砂のようであっても」と引用しています。実はこの文章は、先ほどパウロが引用しましたホセア書の一章一〇節「イスラエルの人々の数は海の砂のように量ることも、数えることもできないほどになって」というところに使われていた言葉です。ですから、パウロは非常に巧みに、ホセア書一章一〇節の「イスラエルの人々の数は海の砂のように」という言葉から、同じような言葉の使われているイザヤ書一〇章二二節へと、すうっと移っているわけです。

それから二九節に「さらに、イザヤは預言した」と引用しておりますものは、イザヤ書の一章九節であります。どちらの場合も、ギリシヤ語訳を少し修正しながらパウロは引用しています。

今度は、ちょっとイザヤのことをお話ししたいと思います。

「イザヤ」という名前は、先ほどの「ホセア」とほぼ意味が同じでありまして、「ヤハウェは救いである」という名前であります。

この預言者の活躍しました時代は、一章一節によりますとやはり「ユダの王ウジヤ、ヨタム、アハズ、ヒゼキヤの世」と、ホセアの書き出しに出ていたのと全く同じ王様の名前であります。しかし、イザヤ書を読んでいきますと彼がおもに働きましたのは、むしろ「アハズ、ヒゼキヤ」の時代でありますので、ホセアが紀元前八世紀の前半であるとすると、イザヤは紀元前八世紀の後半から七世紀の初めにかけて、少し後輩であります。それだけでなく、イザヤの場合は「ユダとエルサレムについて見た幻」というように、活躍した国が違う。ホセアは北イスラエル王国、イザヤは南のユダ王国とその都のエルサレムに向かって預言をした預言者でありました。

さて、先ほどホセアの家庭生活が非常に深く彼の預言と絡み合わされたことを注意したのでありますが、この点ではイザヤもあまり変わりがありません。イザヤ書の八章一八節をご覧になりますと、「見よ、わたしと、主のわたしに賜わった子たちとは、シオンの山にいます万軍の主から与えられたイスラエルのしるしであり、前ぶれである」。

イザヤには長男がありまして、その長男は、七章三節に書いてありますとおりに名前を「シャル・ヤシュブ」と申しました。「シャル」は「残りの者」、「ヤシュブ」は「帰って来る」という意味でありまして、それが、パウロの引用しております一〇章の二二節、二三節で語られているメッセージなのです。イザヤ書一〇章の、念のために二〇節から読みます。「その日にはイスラエルの残りの者――シャル――と、ヤコブの家の生き残った者とは、もはや自分たちを撃った者――アッスリヤ――にたよらず、真心をもってイスラエルの聖者、主にたより、残りの者――シャル――、すなわちヤコブの残りの者――シャル――は大能の神に帰る――ヤシュブ――。あなたの民イスラエルは海の砂のようであっても、そのうちの残りの者だけ――シャル――が帰って来る――ヤシュブ――。滅びはすでに定まり、義であふれている。主、万軍の主は定められた滅びを全地に行われる」。

ちょっと事情をご説明しないと分らないと思うのですが、当時のユダの国は神様に信じてすがるという信仰を捨てまして、むしろ大国アッスリヤと同盟して、アッスリヤのおかげで隣り近所の国から助かろう、と条約を結んだのですが、皮肉なことに、神様はこのユダの不信仰を罰するために、その頼みの杖としておりますアッスリヤを用いてやがてはユダの国そのものを滅ぼす。「アッスリヤはわが怒りのつえ、わが憤りのむち」とイザヤは預言するのであります（一〇・五）。そして、やがてこのアッスリヤが攻めて来てユダを全滅させたとき、その壊滅したユダの焼け残りの中から細々と「生き残る者――シャル――」、これが悔い改めてまことの神に「立ち帰る――ヤシュブ――」。この預言のしるしとして、長男に「シャル・ヤシュブ」と名付けたのであります。ですから、町を行きながら〝シャル・ヤシュブちゃん、おいで〟とイザヤが呼ぶ度に、あの不気味な神の預言が人々の耳に聞こえる仕組みになっていたわけなのです。

さて、イザヤにさらに次男が生まれました。それが八章三節でありまして、「その名をマヘル・シャラル・ハシ・バズと呼びなさい」。これは奇妙な名前ですね。〝マヘル・シャラル・ハシ・バズちゃん、こちらにいらっしゃい〟と言うのは何か〝じゅげむ、じゅげむ〟みたいですね。この「マヘル・シャラル・ハシ・バズ」というのは、「分捕りは早く、略奪は速やかに」という意味でありますので、余計に嫌な名前です。これは、やがてアッスリヤを用いてユダを滅ぼすと神様が預言された、アッスリヤによる「分捕り」と「略奪」を「速やかに」来させせよ、という不吉な預言のしるしであったわけです。

イザヤ書の一章九節で言われておりますことも、そのようなアッスリヤによる滅びの訪れるときのことを預言していたのです。「もし万軍の主が、われわれに少しの生存者を残されなかったなら、われわれはソドムのようになり、またゴモラと同じようになったであろう」。しかし、神様のあわれみによって、「シャル――残りの者――」がちょっとだけ「残される」ので、それが悔い改めて神に

「立ち帰る」新しいスタートを成す、というのであります。イザヤは六章の最後のところで、その希望を述べております。「『その中に十分の一の残る者があっても、これもまた焼き滅ぼされる。テレビンの木またはかしの木が切り倒されるとき、その切り株が残るように』。聖なる種族はその切り株である」。

さて、パウロがこのイザヤの重要な預言を今日のところで引用した意味は、もう一目瞭然だと思います。

二七節「また、イザヤはイスラエルについて叫んでいる、『たとい、イスラエルの子らの数は、浜の砂のようであっても、救われるのは、残された者だけであろう』」。

肉のイスラエルはたくさんおりましても、それで自動的に神の契約の子であるわけではない。血統上のイスラエルは関係なく、わずか「残された者だけ」が選びの器なのだ、という区別がまず明らかにされます。

そして二八節「主は、御言をきびしくまたすみやかに、地上になしとげられるであろう」と、イザヤ書一〇章二三節のギリシヤ語訳を使って引用しておりますように、結局そういうことが行われます根拠は、すべて神の御言葉の力なのであります。

そして、最後に二九節「さらに、イザヤは預言をした、『もし、万軍の主がわたしたちに子孫を残されなかったなら、わたしたちはソドムのようになり、ゴモラと同じようになったであろう』」。

あの神様の一方的なあわれみがなければ、そして神様の約束の御言葉というものがなかったならば、「わたしたち」自身はあの有名な罪の町ソドムとゴモラに何ら変わるところはない、ということです。

ここの「子孫」という言葉が八節の約束の「子孫」です。
選民と異邦人を区別する素質上の差別はない。肉的な区別があるわけではない。誰が神の「あわれみの器」になるか。それはいつでも、神の一方的「あわれみ」と神のすみやかに実行される「御言」にかかっている。わたくしたちがこの神の言葉と神のあわれみにいつもいつも寄りすがっているのでなければ、ソドムのようになりゴモラのように転落する危険がイスラエル人や信者の身辺に漂っている。こういうことを、パウロは論証したいわけであります。

今日の全体の学びを通しまして、信仰というものが、本当にあらゆる人間的世的な安心を否定すること、むしろいつもいつも生き生きと神の言葉と神のあわれみにすがりつき、自分を任せていくような生き方を言うのだ、ということがよく分かると思うのです。これは、旧約時代の信者に限りません。今の新約時代の信者も全く同じであります。

神の約束は、一度手に入れたらもうずっとわたしから離れない、というお守り札ではありません。わたくしたちが、絶えず絶えずその御言葉に自分を預け、神のあわれみに自分をお任せする生き方を続けない限りは、わたくしたちがかつて信じて握ったものがポロッと落ちないとは限らない。今、ユダヤ民族が頑なになっている、信じていない、そういう現実を驚き怪しむ必要はありません。誰だって、そうなる。クリスチャンだって、そうなる。パウロは一一章の二二節で、そのことを警告しています――「神の慈愛と峻厳とを見よ。神の峻厳は倒れた者たちに向けられ、神の慈愛は、もしあなたがその慈愛にとどまっているなら、あなたに向けられる。そうでないと、あなたも切り取られるであろう」。

かつてイザヤが語りましたあの警告は、今も〝アーメン〟であります。ただ、ユダヤ民族が頑なになった、何ゆえでしょう、変だ、と他人事のように宿題を抱え込むべきではなくて、わたくしたち自身、神の慈しみにとどまらなければ、わたくしたちもまたユダヤ民族と同じになるということを覚えたいのであります。

祈ります。

神様。淫行と不道徳のはびこっておりましたイスラエルの国の中で、ホセアはその最たる罪人とも言うべき淫行の女を妻に娶り、おかげで淫行の子らを家族とし、また、妻に逃げられながらも忍耐をもって呼び返しまして、その苦しみの家庭生活の中で、神様のご慈愛と神様のご忍耐とを説き明かしました。

また、イザヤは、国中が挙げてアッスリヤ大帝国に寄り頼んで、安し、安しと考えておりました中に、かえってこの世的な拠りどころが滅びの種となり分捕りと全滅とが間近な中から、神様のあわれみによって残される者だけが聖なる種族になることを、子供たちと共にこの世に向かって証しし続けました。

また、パウロは今、新約聖書を用いてわたくしたちに、その同じ神のあわれみと神の御言葉の厳しさを宣言しております。

どうぞ、わたくしたちが、ホセアの時代と変わらぬ混沌とした時代にあって、またイザヤの国と同じように世俗的なものに寄り頼んでおります日本の国にあって、どうぞ、目を見開いて神のご慈愛を仰ぎ、また悔い改めて神の御言葉に帰る自分と自分の家庭をお委ねしていくことができますように、導いてください。

どうか、わたくしたちが、あなたの限りないご慈愛にいつまでもとどまり続けることができる者と、ならせてください。

キリスト・イエスの御名を通して、乞い願い奉ります。アーメン。

九章三〇節―一〇章四節

キリストは律法の終り

では、わたしたちはなんと言おうか。義を追い求めなかった異邦人は、義、すなわち、信仰による義を得た。しかし、義の律法を追い求めていたイスラエルは、その律法に達しなかった。なぜであるか。信仰によらないで、行いによって得られるかのように、追い求めたからである。彼らは、つまずきの石につまずいたのである。

「見よ、わたしはシオンに、
つまずきの石、さまたげの岩を置く。
それにより頼む者は、失望に終ることがない」

と書いてあるとおりである。

兄弟たちよ。わたしの心の願い、彼らのために神にささげる祈は、彼らが救われることである。わたしは、彼らが神に対して熱心であることはあかしするが、その熱心は深い知識によるものではない。なぜなら、彼らは神の義を知らないで、自分の義を立てようと努め、神の義に従わなかったからである。キリストは、すべて信じる者に義を得させるために、律法の終りとなられたのである。

今日学びます九章の三〇節「では、わたしたちはなんと言おうか」。この言い方は、一四節に出ていたものと同じでありまして、今までの議論から新しい議論の段階に気分を新たにして、新しい疑問に答えるようにお話を進めていくところであります。

パウロは九章から一一章にかけての大変長い段落で何を問題にしているかということは、九章の一節から五節に既に紹介されていたのでありますが、今日の一〇章一節で、もう一度同じ問題意識が語られております。「兄弟たちよ。わたしの心の願い、彼ら――ユダヤ民族――のために神にささげる祈は、彼らが救われることである」。これが、九章から一一章にわたる長々とした議論の根底にある問題であります。イスラエル民族が旧約聖書で神様の契約をいただいておりながら、今心を頑なにして救いの外に漏れているのは何ゆえなのか、こういう問題をパウロは一所懸命旧約聖書から説き明かそうとしているのです。

今までのところをもう一度復習してみますと、九章の六節から一三節まででは、いや、肉によるイスラエルがそのまま契約相手ではなくて、神様の御言葉が約束の子供を生み出すのである。第二に、一四節から一八節までで、神様はあわれもうと思う主権的なあわれみの意志によって行動なさるのである。第三に、一九節から二四節までで、神様は「あわれみの器」も「怒りの器」もお用いになるけれども、特に「怒りの器」をお用いになるのには人間の知恵を超えた深い知恵があるのだ、と語ってまいりまして、二五節から二九節までに旧約聖書からそれを裏づけたのであります。

「では、わたしたちはなんと言おうか」。ここからパウロは、主として今度は人間側の責任を明らかにし始めます。今までのところでは神様の側のことを語ってきたのでありますが、では、人間は、採るべき態度とそれについての責任が問われていて、それが、「あわれみの器」と「怒りの器」、救われる者とつまずく者とを分けることになる、こういう新しい問題を今日のところで明らかにし始めるわけであります。

何ゆえ、イスラエルは失敗をし、異邦人が救われることになったのか。

三一節によりますと、「義の律法を追い求めていたイスラエルは、その律法に達しなかった」のだ、と語り出しております。

イスラエルは、「義の律法を追い求めていた」。「義の律法」という句は他に出てきません。「追い求めた」というのですから、「律法が正しい」(七・一二)という意味ではなく「義になるための律法」のことです。この場合の「律法」というのは、ただ単に旧約聖書律法という意味ではなくて、神様から正しいとしていただくために自分自身その掟に適って正しく生きて義としていただこうという人生哲学、そういう考え方の原理、そういう行動の法則、これを「律法」と呼んでいるのであります。パウロのこういう使い方は、ずっと前、三章二七節で「すると、どこにわたしたちの誇があるのか。全くない。なんの法則——律法——によってか。行いの法則によってか。そうではなく、信仰の法則によってである」というところで「法則」と訳されていた同じ言葉でございます。ユダヤ人は旧約聖書においてたくさん神様の掟をいただきました。彼らは、この掟に従って自分が正しく生きていくことによって、神様から義と言っていただこうと行動を規制した、このやり方、それを「義の律法」とパウロは呼んでいるのであります。

彼らが「達しなかった」のは「なぜであるか。信仰によらないで、行いによって得られるかのように、追い求めたから」であります（三二節）。

〝神様から義としていただく〟というのは現代人には分かりにくいことですが、言い方を変えれば、神様と人間とが調和的な関係を持つ、神様が人間に期待しているような人間と神様との関係が成り立つ、これが神様が義と認めてくださるという生き方です。それを追求するということは、結構なことです。ただ、イスラエルはその正しい目標を追い求めていくときの道筋を間違えた。あるいは間違った理解をもって追い求めた。それは、「信仰によらないで、行いによって」、自分の行いとか生活を掟に適わせて正しく正しくしていくことによって、神様とわたくしとが調和ある関係に辿り着けるかのように誤解していた。

そうではなくて、本当に人間が神様から義と認めていただけるのは「信仰による」。ですから、三〇節ではっきり言われているように「異邦人は、義、すなわち、信仰による義を得た」のであって、これ以外のやり方で「義を得る」ということは、どの道世界中の誰にもないのであります。

一〇章二節「わたしは、彼ら――ユダヤ人――が神に対して熱心であることはあかしする」。

何しろ、パウロ自身がイスラエル人であり、かつてはユダヤ教の中でも最も熱心なパリサイ派のラビ学を一所懸命研鑽していた人物であります。ですから、自分自身の思い出として、ユダヤ人が神に対して熱心だ、神の義を追求することに熱心だということはよく分かるわけです。使徒行伝の二二章の三節、四節でパウロはそのことを語っております。「わたしはキリキヤのタルソで生れたユダヤ人であるが、この都――エルサレム――で育てられ、ガマリエルの――ガマリエルというのは当時パリサイ派ラビの最高の学者であります、その――ひざもとで先祖伝来の律法について、きびしい薫陶を受け、今日の皆さんと同じく神に対して熱心な者であった。そして、――だからこそ「この道」――キリスト教を迫害し、男であれ女であれ、縛りあげて獄に投じ、彼らを死に至らせた」。

ただその「熱心」は、残念ながら「深い知識」、正しい知識を伴っていない、と言うのでありますＩ二節）。

パウロは、テモテへの第一の手紙の一章一三節で、やはり自分自身のかつての熱心を「無知な」熱心と語っております。「わたしは以前には、神をそしる者、迫害する者、不遜な者であった。しかしわたしは、これらの事を、信仰がなかったとき、無知なためにしたのだから、あわれみをこうむったのである」。さっき言ったように、ガマリエルのひざもとでユダヤ教パリサイ学に熱心であって、キリスト教信仰の理解を持っていなかったときには、その熱心からクリスチャンを迫害して、迫害することが神様に喜ばれることだと信じていた。それは「無知」でありました、とパウロは振り返っているのであります。そのように、今イスラエル人たちも、「深い知識」によらない「熱心」に駆り立てられてキリスト教に敵対しているのであります。

これはわたくしたちに、わたくしたちの信仰生活のあり方を教える大事な教えではないかと思うのです。確かに、「知識」はわたくしたちの信仰の全体ではありません。聖書を勉強し教理を学んで知識の上でキリスト教の理屈をいくら詰め込んだからといって、信仰深いとは言えません。けれども、逆に、知識がなくて信仰を持つということも、あり得ません。それればかりか、正しい知識なしに信仰的に熱心になるということは、ときには非常に愚かな、かえって正しい道を迫害するほどの罪に陥ることであります。

と同時に、わたくしたちはここのところから、パウロ自身がかつては無知な熱心に凝り固まっていたのに神様のあわれみを受けてキリストのしもべに変わった、このことを思いますと、現在のところユダヤ民族の大方は心を頑なにし「無知」な「熱心」に凝り固まっているけれども、これが彼らの最後の姿ではないかもしれない、神様のあわれみによってユダヤ民族が再び「あわれみの器」に変えられないとは限らない。なぜなら、彼らは「無知」なのだから。そういう希望を垣間見ることができるのではないかと思います。

さて、このイスラエル民族の「無知」な「熱心」の罪とは何か。一〇章三節「なぜなら、彼らは神の義を知らないで、自分の義を立てようと努め、神の義に従わなかったからである」。「神の義を知らない」というのは、もちろんちょっと言いすぎでありまして、全然「知らない」ということではあり得ません。イスラエル人は旧約聖書を持ち、神様については懇々と教育されてきた民族でありますから、神様の正しさとか、神様が人に正しくあることを求めておられるとか、そういうことはもうよく知っているのであります。ここで言います「知らない」とは、「誤解している、本当のことを理解していない」という意味であります。

「神の義」と「自分の義」とがここでコントラストされているのでありますが、同じコントラストがパウロのピリピ人への手紙の三章九節に出てまいります。ここを見ると、パウロの言いたい意味がよく分かるのではないかと思います。「律法による自分の義ではなく、キリストを信じる信仰による義、すなわち、信仰に基く神からの義を受けて、キリストのうちに自分を見いだすようになる」。こういうのです。「自分の義」とは、神様があてがった掟を自分が守っていくことによって〝自分は正しいでしょう〟と自分を「立てる」という生き方。それから「神の義」とは、神様からプレゼントしていただいてわたくしを正しいとしていく道を喜んで「受ける」という姿勢、これがコントラストされているわけです。一方は、自分を「立てていく」生き方であります。他方は、恵んでくださるプレゼントをもうただ〝ありがとうございます、ありがとうございます〟と言っていただく、「従っていく」、こういう生き方。これをコントラストしまして、なるほどユダヤ人は旧約聖書において神の掟を知っている、ただ彼らはそれを、〝じゃあ守ればいいのでしょう〟というので「自分の義を立てる」ように旧約聖書の掟を使う。そうではなくて、本当はこの掟を通して神様がくださる義を喜んで受け取るように「従う」という使い方をすべきだった。これを、彼らは理解しなかった。以上が、イスラエルが失敗した理由であります。

それに対して異邦人が何ゆえ今救われているかというと、元に戻りまして九章三〇節「義を追い求めなかった異邦人は、義、すなわち、信仰による義を得た」のであります。

ここでもちょっと、「異邦人」がおよそ「義を追い求めなかった」というと、乱暴な表現であります。もちろん異邦人たちも、正義あるいは道徳的に正しい事を追求しなかったわけではありません。ギリシヤの高い倫理学あるいはインドや日本の仏教が示しておりますように、それはそれなりに正しい事、慈しみを追求してきたのであります。ここで言っておりますことは、神様が聖書という特別啓示において教えておられるような「義」、そういう神様の義の提供を受けていなかった。また、そういう約束を受けていなかった、という意味であります。

ところが、その「異邦人」が今は「義を得た」のです。ただしそれは、ユダヤ人が考えたように、掟に適って自分の「行い」を立てていって〝それごらんなさい、こんなにわたしは正しいでしょう〟というふうに己を「立てる」ようにした「義」ではなくて、「信仰によって」受け取った「義」なのであります。これが、何ゆえイスラエルが失敗をし異邦人が思いもかけず「義」とされたかという理由であります。

パウロは、この思いも設けぬ逆転が、実は旧約聖書の預言していたことにほかならないということを、九章の三三節にイザヤ書を引用することによって論証しようとします。

「見よ、わたしはシオンに、つまずきの石、さまたげの岩を置く。それにより頼む者は、失望に終ることがない」。

こう「書いてあるとおり」、ある者はこれに「より頼んで失望」しない、つまり救われる。しかし、またある者はこれに「つまずき」倒れる。今「異邦人」は、「それにより頼む」という「信仰による義を得た」。しかし、「イスラエル」は「つまずい」て義に到達しなかった。こう、パウロは言いたいわけであります。

さて、神様が〝わたしがシオンに石を置く〟という預言は、イザヤ書二八章一六節にある預言であります。しかし、このイザヤ書二八章一六節で「見よ、わたしはシオンに一つの石をすえる」と神様がおっしゃいます「石」はどういう石かというと、「試みを経た石、堅くすえた尊い隅の石」でありまして、パウロが今言いますように「つまずきの石、さまたげの岩」ではありません。この「つまずきの石、さまたげの岩」というのはどこから引用したかというと、同じイザヤ書の八章一四節なのです。「主はイスラエルの二つの家には聖所となり、またさまたげの石、つまずきの岩となり、エルサレムの住民には網となり、わなとなる。多くの者はこれにつまずき、かつ倒れ、破られ、わなにかけられ、捕えられる」(一四―一五節)。これなのです。つまり、パウロは、イザヤ書の二八章一六節に八章一四節の言葉を混ぜ合わせましてひとつの新しい預言の文章を作って、ここに引用したわけであります。

先週わたくしたちがホセアとイザヤの預言を学びましたように、あちらこちらからピック・アップしてそれを首飾りのようにつなげていきますような旧約聖書の使い方は、当時のラビたちが好んでしたものであったのですが、今日の九章三三節に見られるような混ぜ合わせて使うのは、むしろユダヤ教では非常に珍しい独特なやり方であります。

ところが、この独特な旧約聖書の使い方は、実はパウロの専売特許ではございませんで、ペテロの第一の手紙の二章の六節から八節にも、やはり見られるものであります。ペテロの第一の手紙の二章六節にまずイザヤ書二八章一六節が引用されまして、その「尊い石、隅のかしら石」とは七節によると詩篇一一八篇二二節に語られた「家造りらの捨てた石で、隅のかしら石となったもの」である。さらにまた言うならば、八節にあるとおりイザヤ書八章一四節が語った「さまたげの石、つまずきの岩」だというふうに、やはりイザヤのふたつの預言を引き、キリストが「石」だとか「岩」だとかという言葉をひとつの語呂合わせのヒントにいたしまして、全部ずっとつなげてくるわけです。

実は、このような扱い方は、イエス様がマタイ福音書二一章の四二節、四四節などで、悪しき農夫のたとえ話を語られた終わりのところに、やっぱり詩篇一一八篇の二二節を引いて「家造りらの捨てた石が隅のかしら石になった」。で、〝この石が、あなたがたに落ちかかってあなたがたをつぶす〟、あるいは〝あなたがたがこの石の上に落ちて打ち砕かれる〟とおっしゃいまして、イエスご自身がこのように組み合わせて自分のことを語られたのであります（イザ八・一四―一五、ダニ二・三四―四五）。ですから、パウロもペテロも、このイエス様の教えに導かれて、旧約聖書のあちこちの預言をひとつに混ぜ合わせて使う独特な旧約聖書の理解を持つに至ったのだと思われます。

さて、イザヤ書の二八章でありますが、ここはちょっと読んだだけでは非常に分かりにくい文章かと思います。

先週少しお話しいたしましたように、紀元前八世紀の末頃、ユダヤの国は北からイスラエル王国とスリヤ王国から攻め込まれるのが怖いというので、東の大国アッスリヤに同盟を結んでもらってアッスリヤに牽制してもらって何とか安全を保とうと、非常に世俗的な手立てを考えていたのであります。イザヤは、そのような国家あるいは国民に〝そうではない、主を信じなさい。信ずるならば、あわてることはないんだ〟とかねがね説教をしていたのであります（二八・一六）。が、国民と政治家たちは、このイザヤの説教をばかにして耳を傾けようとしませんでした。

二八章九節のかぎ括弧が付いておりますのは、そういう世論がイザヤをばかにするせりふであります。「彼はだれに知識を教えようとするのか。だれにおとずれを説きあかそうとするのか。乳をやめ、乳ぶさを離れた者――つまり乳離れしたばかりの赤ん坊みたいな者――にするのだろうか」と言いまして、「それは教訓に教訓、教訓に教訓、規則に規則、規則に規則」と、こう続くわけです（一〇節）。これは日本語に訳してしまうとちょっと分かりにくいです。ヘブル語で言いますと「ツァウ・ラーツァーウ、ツァウ・ラーツァーウ、カウ・ラーカーウ、カウ・ラーカーウ」という発音です。つまり、意味は確かに「教訓」とか「規則」という言葉なのですが、むしろ本当の面白さは、その発音から受ける、本当にまだ片言の子供が〝チーチーパッパッ〟と言っているという感じにあるのです。「ツァウ・ラーツァーウ、ツァウ・ラーツァーウ、カウ・ラーカーウ、カウ・ラーカーウ」、こう彼は説教をしている、と言うのであります。

で、この民衆たちのばかにした説教の聞き方に対して、一一節から神のさばきの言葉が語られるのです。「否」、わたしは何も赤ん坊にチーチーパッパッと説教をするような〝すずめの学校の先生〟ではない、「むしろ主は」、あなたがたが今寄り頼んでおりますアッスリヤとか、メソポタミヤの大国に逆にあなたがたをとりこにして連れていかせるそのとき、「異国のくちびると、異国の舌とをもってこの民に語られる」。ユダヤ人たちが「異国のくちびると、異国の舌」というものに持ちました恐怖心は、バベルの塔の物語がよく示しておりますように、本当に神様のさばきの中に突き落とされた心細さであると思うのですね(申二八・四九、エレ五・一五、バル四・一五)。あなたがたが今、預言者の説教をすずめの学校の説教みたいにばかにしているので、やがてはあなたがたは、外国に捕らえ移されてちんぷんかんぷんの外国語の中に取り囲まれるように、「主の言葉」も、あなたがたにはもうさっぱり分らない、ちんぷんかんぷんな言葉「教訓に教訓、教訓に教訓、規則に規則、規則に規則」と言うようになってしまうだろう(一三節)というのであります。

一四節「それゆえ、エルサレムにあるこの民を治めるあざける人々よ、主の言葉を聞け。あなたがたは言った、『われわれは』もうアッスリヤと『契約を結んだ』、あるいは『協定を結んだ』。だからもう大丈夫だ。『みなぎりあふれる災』がやってきても、われわれには『避け所がある』」、と安んじているのだけれども、そのアッスリヤこそ実は「死」ではないか、「陰府」ではないか、あなたが安心している大国との契約とか安全保障は「うそ」ではないか、「偽り」ではないか、とイザヤを通して神はおっしゃるのであります（一五節）。

むしろ神様は、「シオン」に本当の神の家の礎石ともなる「石」をちゃんと据えた。この神様が据える土台石に寄り頼み「信ずる者」こそ決して「あわてることはない」神の家、神の家族なのだ、とイザヤは説教したわけであります（一六節）。

イザヤ書の八章一四節以下も、やはり似たような趣旨の預言であります。イザヤの同胞たちは国際的な同盟を結べば大丈夫だと言っています。反対にイザヤは、いや、主を信ずるならばあわてることはない、と信仰を勧めています。このようなイザヤの少数反対意見は、一二節で言われているとおり「この民が陰謀ととなえるもの」であります。彼は、非国民であります。「陰謀」であります。しかし神様はイザヤに、この民の世論が、イザヤのような考え方は陰謀だ非国民的な考えだと言っているものを、陰謀だと考えてはいけない、と励まされます（一二節）。「あなたがたは、ただ万軍の主を聖として、彼をかしこみ、彼を恐れなければならない」（一三節）。そうすれば「主はイスラエルの二つの家には聖所となって」くださる。しかし、そういう信仰的な道を陰謀だとか非国民だとかとけなして、むしろ「遠き国々」（九節）と契約を結んで、それで安心だ安心だと言っておりますような「エルサレムの住民」には、主は「さまたげの石、つまずきの岩」あるいは「網」あるいは「わな」となって（一四節）、「多くの者はこれにつまずき、かつ倒れ、……捕えられる」というのであります（一五節）。

パウロは、このふたつの非常によく似た趣旨の預言を組み合わせまして、それが今イエス・キリストの福音において起こった、と言っているのであります。

パウロが、このような混ぜ合わせ引用をすることによって、幾つかの大事な教訓がわたくしたちに教えられています。

第一は、イエス様は、ご自分がかつてお語りになったように「石」であります。神様が置く「石」であります。が、同時にイザヤ書八章で言われているように、「万軍の主」そのものでもあります。イエスはその意味で、神ご自身に等しい。そうして、かつてイザヤの時代に、万軍の主は寄り頼む者には「聖所」であり「避け所」であるが、アッスリヤに頼る大多数の国民には「さまたげの石、つまずきの岩」であるという二面性を持ちたもうたように、イエスもまた今そういう二面性があるのだ。

ルカ福音書が記しておりますクリスマス物語を思い出してください。みどりごイエスを連れてヨセフとマリヤが神殿に上ったとき、年老いたシメオンがみどりごイエスを抱き上げて語りました。「この幼な子は、イスラエルの多くの人を倒れさせたり立ちあがらせたりするために、……しるしとして、定められています」（二・三四）。キリストは、ギリシヤ人には「愚かなもの」、「ユダヤ人にはつまずかせるもの」であるが、救われたわたくしたちには「神の力、また神の知恵」なのであると、パウロはコリント人への第一の手紙で言っております（一・二三—二四）。

第二に、このように神様に対する人間の考え方なり採る態度によってふたつの正反対の結果が出るということは、紀元前八世紀イザヤの時代でもう既に〝アーメン〟だった。ですから今イエス・キリストが来たりたもうて、異邦人は彼に救いを見出しユダヤ人は彼につまずいているということは、何ら驚くにあたらない、とパウロはこの引用によって論証するのであります。

第三に、何よりも大事なことは、このふたつの全く正反対の運命はどうして出てくるかというと、神様がシオンに据える石に寄り頼めとおっしゃっているのに、寄り頼もうとしない罪によってつまずく。あるいは、神様が据えておられる手立てに従順に信頼するか否か、という人間の取る信仰と不信仰によって分かれた。ですから、パウロは今ここで、イスラエルは何ゆえつまずいたか、何ゆえ義に到達できなかったかというと、それは彼らの責任であるということを、明らかにするのであります。

今までは、神様はあわれもうと思う者を主権的な思いによってあわれまれます、また神様が怒りの器にお用いになるということも、人間が考えるよりはるかに豊かな有益な意味がそれなりにあると、パウロは申しました。しかし、それは神様のことでありまして、今度翻って人間の立場に立ちますと、わたくしたちがあわれみの器に選ばれるか怒りの器に用いられるのか、それを決めるのはわたくしたちなのです。神の立てた手立てに寄り頼むか拒絶するか、という責任に掛かってきます。これを、パウロは明らかにするのであります。


神様がお据えになった手立て、すなわち、救い主イエス・キリストを信じて救われよという手立てを信じる者には、キリストはどういうお方であるかというと、一〇章四節の結論であります。「キリストは、すべて信じる者に義を得させるために――あるいは「義に至るように」――、律法の終りとなられたのである」。

つまずく者は知りません。「信じる者」には、「キリスト」は「義に至らせるための律法の終り」なのであります。

「律法」とは、単にモーセ律法とか旧約聖書律法という意味ではありません。今日の初めに九章三一節でご説明いたしましたように、それに適って自分の生活を正しくしていくことによって神様に〝さあ、わたしを正しいとしてくれ〟と胸を張って「自分の義を立てようと」する（一〇・三）行いの法則、そういう人生哲学、そういう思想の原理であります。

キリストは、このようなわたくしたち人間の「自分の義を立てよう」とする法則、原理的な考え方を終わらせたもうたのであります。少なくとも「信じる者」には、もうそういう生き方をすまい、そういう生き方をしなくてもよい、というように、自分で自分を正しくしていくことによって神の前に立とうという生き方を、一切合財もう廃止したもうた方なのであります。「なぜなら、キリストは義に至るノモスのテロスだから、信じるすべての人にとって」。

それでは、クリスチャン、「信じる者」は、じゃあ、もう掟に適って自分の身を律するとか生活を清めるとかいうことは一切意味がなくなって、どうでもいいのか、無秩序、無律法に生きてもよくなったのかというと、そうではありません。三章三一節で、パウロは既に語っています。「すると、信仰のゆえに、わたしたちは律法を無効にするのであるか。断じてそうではない。かえって、それによって律法を確立するのである」。そのように、キリストは、信じる者には、〝わたしが、わたしが〟と言って自力でもって自分を正しくしていって神様から〝正しい〟とおほめをいただこうとするギスギスした苦しい精進や努力の生き方を一切止めさせ、それでいてなおかつ、わたくしたちを知らず知らず義なる状態へと至らせてくださる、そういう方になりたもうたのであります。ここにパウロの語ろうとしております福音がございます。
わたくしたちは、どうか、イスラエルのような原理でもって、「深い知識」によらない「熱心」でもって、がむしゃらに精進をし、がむしゃらに求道をし、確かに「熱心」であるかもしれないが的外れな信仰生活ではなくて、正しい知識と素直な従順をもって、ただ神様がくださる正しさを受ける、神様が〝これに寄りすがれ〟と言って据えてくださった「石」に寄りすがる、神様が〝この方を信じたらいいのだ〟と言ってくださる主イエス・キリストを信じて、「義に至りたい」と願うのであります。

祈ります。

神様。長い間、アブラハムの昔からの至れり尽くせりのあなたの契約と約束とにかかわらず、今大部分のイスラエルが心を頑なにしてイエス・キリストと十字架の言葉につまずいておりますのは、ただ神様の主権的な思いや神様の計り知ることのできない知恵によるだけではなくて、むしろイスラエル人自身の中に己の義を立て自分で自分を正しくしようとする誤れる理解があったことを今日学びました。

翻りまして、今神様のあわれみによって、信仰によって義と認められ神の子とされましたわたくしたち自身の中にも、その同じ思いは根強くはびこっておりまして、今もなおわたくしたちは、自分の力で神の掟を守り、そのことによって自分の義を立てようとすることがたびたびございます。

どうぞ、わたくしたちが、二度と再びあのイスラエルの犯しました愚かな熱心に陥ることがないように、どうか、深い理解と正しい感謝をもって、主イエス・キリストとその十字架の言葉を受け入れ、それに従い、それに感謝していくことができます者と、ならせてください。

どうか、わたくしたちのために十字架につき、一切の罪と反逆する思いとをわたくしたちに代わって滅ぼしてくださいました主イエス・キリストが、わたくしたちの内に芽生えるすべての律法主義的な考え方を終わらせ、己の力にではなくて神様の恵みにすがって、いよいよ義となり聖となり神様に喜ばれる神の子となっていくことができますように、わたくしたちを導いてください。

主イエス・キリストの御名を通して、乞い願い奉ります。アーメン。

《著者紹介》

榊原康夫（さかきばら・やすお）

1931年兵庫県芦屋市に生まれる。大阪大学工学部中退，神戸改革派神学校卒，日本キリスト改革派和歌山伝道所，甲子園教会牧師を経て，1967年４月より東京恩寵教会牧師，2001年９月定年引退。現在，東京恩寵教会名誉牧師。その間，日本キリスト改革派教会大会常任書記長，大会議長，神戸改革派神学校講師，理事，改革派神学研修所講師，日本基督神学校講師，日本福音主義神学会理事長，日本聖書協会理事を歴任。

著書　『マタイ福音書講解』，『ヨハネ福音書講解』（以上小峯書店），『使徒の働き』，『聖書読解術』，『旧約聖書の生い立ちと成立』，『旧約聖書の写本と翻訳』，『新約聖書の生い立ちと成立』，『エペソ人への手紙』（以上いのちのことば社），『コリント人への第一の手紙講解』（聖文舎），『選びの歴史』（新教出版社），『旧約聖書続編を読む』（聖恵授産所），『ルカ福音書講解』（教文館）など，著書，訳書，編集，多数。

（2010年初版刊行時現在）

ローマ人への手紙講解３　7―9章（オンデマンド版）　Digital Publishing

2024年3月20日　初版発行

著　者　榊原康夫
発行者　渡部　満
発行所　株式会社　教文館
〒104-0061 東京都中央区銀座4-5-1 電話 03(3561)5549 FAX 03(5250)5107
URL　https://www.kyobunkwan.co.jp/publishing/

印刷・製本　株式会社デジタルパブリッシングサービス
URL https://www.d-pub.co.jp

AM150

配給元　日キ販　〒162-0814　東京都新宿区新小川町9-1
電話 03(3260)5670　FAX 03(3260)5637

ISBN978-4-7642-0359-4　Printed in Japan

落丁・乱丁本はお取り替えいたします。